Международная академия каббалы

Михаэль Лайтман

ПРОСТО О КАББАЛЕ

АСТ • Астрель
Москва

УДК 296
ББК 86.33
Л18

Лайтман, Михаэль

Л18 Просто о каббале/Михаэль Лайтман – М.: АСТ: Астрель, 2008. – 215, [9] с.: ил.

Laitman Michael

Ptosto o kabbale. – M.: AST, Astrel, 2008. – 224 pages.

ISBN 978-5-17-049353-1 (ООО «Издательство АСТ»)

ISBN 978-5-271-19601-0 (ООО «Издательство Астрель»)

Люди, впервые встретившись с каббалой, обнаруживают себя на пороге неведомой, непознанной реальности, оказываются наедине с вопросами, требующими незамедлительного ответа.

Вопросы из глубины сердца зачастую не имеют ответов в этом мире.

Приготовьтесь к неожиданным ответам каббалиста.

УДК 296
ББК 86.33

Общероссийский классификатор продукции
ОК-005-93, том 2; 953000 – книги, брошюры

Санитарно-эпидемиологическое заключение
№ 77.99.60.953.Д.007027.06.07 от 20.06.07 г.

Подписано в печать 09.01.08 Формат 60 × 90 1/16.
Усл. печ. л.16. Тираж экз. Заказ №

ISBN 978-5-17-049353-1
(ООО «Издательство АСТ»)
ISBN 978-5-271-19601-0
(ООО «Издательство Астрель»)

СОДЕРЖАНИЕ

В отличие от остальных научных дисциплин каббала распахивает перед человеком Высший мир, а потому принято называть ее не «наукой», а «мудростью». Исследовательский метод этой мудрости основан на тех же принципах, которые применяются и в других сферах освоения знаний. Она также возводит человека в ранг исследователя и ведет изучение воспринимаемой нами действительности, исходя из субъективных ощущений. Отличие каббалы от любой другой академической науки состоит в том, что объектом ее внимания является высшая часть реальности.

М. Лайтман

I. Просто о каббале

Что такое каббала

Вопрос: Хотелось бы начать с самого простого – что такое каббала? Это наука или откровение? Учение тайное или открытое? Имеет ли она отношение непосредственно к нашему времени, и существует необходимость незамедлительно, именно сейчас заняться ее изучением, или знания эти – лишь легенды, пришедшие из глубины веков?

По определению, каббала – это наука обо всем мироздании, звеном которого являемся и мы. С ее помощью можно постичь не только часть нашего мира, воспринимаемую пятью органами чувств, но еще и ту, что нам в этих ощущениях не доступна. Эта скрытая область и является самой главной – именно она привлекает нас в изучении каббалы.

Каббала дает человеку возможность лучше понимать себя, объясняет причину его появления и почему на протяжении всей земной истории происходили те или иные события. С ее помощью вы узнаете, каким образом, по какой формуле, развиваются природа, человек, все человечество, и что является движущей силой этого процесса. Геологические периоды, общественные формации, свобода воли, возможность в конце концов что-то изменить в нашей судьбе – все это освещает каббала. Она предлагает очень интересные и порой неожиданные ответы.

Благодаря каббалистической методике можно начать ощущать скрытую область мироздания, управляющую нашим миром. Эти два мира – наш и Высший – можно изобразить в виде концентрических сфер. Если мы будем знать, каким образом происходит управление нашим миром с высшего информационного уровня, мы, очевидно, поймем общие, более глубинные, истинные законы, руководящие природой и нами, как ее составляющей.

Я постараюсь объяснять все как можно проще и доступнее.

Вопрос: Теперь давайте установим, что, собственно, является предметом изучения в каббале?

Предмет исследования каббалы

Итак, каббала это наука обо всем мироздании – так она сама себя определяет, – включая его начало и конец, процесс создания и общее устройство, движение в целом и каждой детали в частности.

Каббала состоит из нескольких подразделов, изучающих следующие аспекты:

1. сотворение всего мироздания, включая наш космос, Солнечную систему, неживую, растительную, животную природу и человека;
2. течение, функционирование и конечная цель всего процесса развития;
3. возможность вмешательства человека в этот процесс, то есть антропологический аспект каббалы;
4. связь между нашим сегодняшним состоянием и теми, в которых человек и общество пребывают до появления каждого родившегося на этой земле от своих родителей. В каком виде мы существовали до нашего рождения;
5. смысл тех десятков лет, на протяжении которых мы существуем как биологические тела и восприятие через них окружающего мира;
6. состояние, в котором мы существуем после ухода из этого мира;
7. кругообороты жизни и их взаимосвязь;

8. возможность включения в течение данной жизни в высшую форму, в которой мы существуем до рождения и после смерти;
9. источники науки, искусства, культуры – всего, что связанно с языком, с поведением человека. Причины и корни их реализации именно в таком виде.

Все вышеперечисленные аспекты включает в себя каббала, потому что она выводит общий закон развития всего мироздания. Это то, о чем мечтал Эйнштейн – найти формулу, которая объединила бы абсолютно всю Вселенную, все ее детали. Он понимал, что такая формула – если она действительно существует – должна быть очень простой: взаимодействие между несколькими параметрами простой функциональной зависимости.

Каббала как раз и приводит нас к такой формуле, проясняющей все. По крайней мере, так утверждают каббалисты, и мы попробуем в этом убедиться.

Вопрос: Прежде всего хотелось бы знать, как зародилась каббала, где источник ее происхождения? Каковы основные этапы развития этой науки?

Этапы развития каббалы

На какой основе возникла эта наука? Она зародилась, когда первый человек – Адам – начал познавать мир, в котором жил. Он родился около шести тысяч лет назад. До него на Земле тоже жили люди, но Адам первым почувствовал, что существует Высший мир, у которого есть свои законы. Ему показалось, что он находится внутри некой сферы, объемлющей нашу Вселенную, и ощущает внешние скрытые силы, пронизывающие ее, воздействующие на нее, управляющие ей. Со времен Адама ничего не изменилось в этом отношении: те же законы влияют на нас с вами и руководят нами.

Мы находимся как бы на сетке, сотканной из различных сил, управляющих абсолютно всем, в совершенной, полной гармонии. Однако надо отдать должное человеку по имени Адам: из всех людей, живших на земле, он первым постиг и осознал эту картину.

Ему приписывают и авторство первой каббалистической книги «Разиэль Малах» – «Тайный ангел». Это небольшой труд с чертежами, рисунками, где он описывает общую силу, называемую ангелом, которая управляет Вселенной и состоит, в свою очередь, из частных сил, более низких по уровню. Адам рассказывает, каким образом эти силы устроены, как взаимодействуют между собой и как наш мир подчиняется их влиянию.

Это был первый письменный каббалистический источник. Я думаю, это вообще первый литературный источник, который есть у человечества, не считая наскальных текстов, а это все-таки книга, написанная человеком, родившимся около шести тысяч лет назад. Естественно, содержание подано в иносказательной форме и изложено таким архаичным языком, что нам трудно ее читать, хотя автор использовал множество метафор. Он воспринимал Высшее мироздание в его общем объеме, но еще не имел средств для передачи информации, постигал его, так сказать, чувственно и повествовал об этом. После Адама прошло двадцать поколений, пока появился следующий каббалист.

Вопрос: Это был Авраам?

Да. Вторым каббалистом стал Авраам. Как сообщает древний Мидраш, жил он в Месопотамии, в городе, который назывался Ур Халдейский, поклонялся, как и все его соплеменники, Солнцу, Луне, камням, деревьям. Однажды Авраам задумался: «А каким же образом устроен мир, почему все это «вертится» вокруг нас? Как протекает наша жизнь? Ведь должна же быть закономерность в этом течении – начало, конец, причина, следствие. Должна существовать сила, которая движет всем этим?» Задавшись подобным вопросом, он начал словно прощупывать картину нашего мира и обнаружил за ней те же силы, что ощущал Адам, а затем описал их.

Естественно, Аврааму была известна книга, написанная Адамом, так как содержание ее передавалось через 20 поколений: от Адама до Ноя – 10 поколений и от Ноя до Авраама – еще 10 поколений. Опираясь на сведения Адама, и на основании собственного созерцания природы, он написал свою книгу, которая называется «Сефер Ецира» («Книга создания»).

Эта книга написана уже более подобающим каббалистическим языком. В ней не просто переданы впечатления человека, который почувствовал скрытую часть мироздания, а изложена его структура. Там есть рисунки, дающие представление о взаимодействиях между частями мироздания, об управляющей силе, о ее составляющих, о связях и взаимозависимостях этих сил. Книга снабжена таблицами, графиками, множеством всевозможных формул – еще не в том виде, разумеется, к какому мы привыкли в математике, а наподобие таблиц, показывающих различные варианты взаимодействий сил.

Этот труд уже систематизирован, он раскрывает систему сил, управляющих нашим миром, дает понятие об их иерархиях. Написав эту книгу и назвав ее «Книгой Создания», автор на этом не остановился. Как повествует далее древний Мидраш, Авраам отделился от того народа, к которому принадлежал, и покинул древнюю Месопотамию...

Вопрос: Каким образом первые каббалисты – Адам, а затем Авраам – получили эти знания?

Только проникновением и постижением. Ради справедливости надо сказать, что на протяжении этих двадцати поколений, несомненно, появлялись люди, тоже ощущавшие Высший мир, силы, стоящие за нашим миром и управляющие им. Просто они не оставили нам письменных свидетельств своих постижений. Мы же оцениваем человека по тому достижению, которое он оставляет своим потомкам в нашем мире. Существуют определенные каббалистические источники, которые мы можем сегодня принять за основу, чтобы с ними работать, и они являются базовыми для нас. Поэтому мы и не говорим о тех каббалистах, то есть о людях, постигающих Высший мир, которые ничего после себя не оставили. Даже если мы что-то знаем о них, то не можем апеллировать к их постижениям.

Почему вообще появляются личности, которые постигают нечто, стоящее за нашим реальным миром? Ведь наряду с ними существует масса людей, желающих, но совершенно не чувствующих, не постигающих ничего подобного, или вообще не проявляющих к этому ни малейшего интереса. Иных это, может быть, и интересует, но они не в состоянии проникнуть глубже в материю, в силы, которые стоят за ней. Это зависит от сорта души: есть души более тонкие и более грубые.

Как повествует каббала, в итоге абсолютно каждая душа, целиком все человечество должно прийти к полному раскрытию всего мироздания и жить на уровне, который называется «Человек». Человек на иврите – Адам. Это уровень, где все мироздание тебе понятно, когда ты знаешь, какие силы в нем действуют, как ты своими мыслями, поступками влияешь на всю природу – и высшую, и низшую. Известен результат, реакция, которую ты должен получить вследствие своих действий. Когда человек раскрывает это все, он поневоле начинает поступать правильно, в соответствии с законами природы.

Если я знаю, что обожгусь, сунув руку в огонь, то не сделаю этого. Точно так же, если бы я видел абсолютно все законы природы, определяющие, что мне полезно и в каком виде, а что вредно, то я бы избегал вредных действий, а прибегал к полезным и выполнял их.

Наше правильное поведение, наша судьба зависят от того, насколько мы раскроем глубинные, внутренние законы природы – только тогда мы перестанем ошибаться.

Почему все-таки человечество должно проходить такой длительный период страданий, не понимая, как природа воздействует на нас, чего желает, требует, и почему она создала нас подобным образом?

Каббала говорит, что наступает время в развитии человечества – и мы уже приближаемся к нему, – когда с помощью каббалистической методики люди смогут проникнуть внутрь природы, постичь ее, и в результате этого начнут вести правильную жизнь, в абсолютной гармонии с силами природы. Каббала определяет необходимость в первоначальном цикле, который прошло сейчас человечество – до начала XXI века.

Вопрос: Как человек проникает в скрытый объем мироздания?

Вокруг нас существует наш мир, Вселенная, мироздание, ощущаемое нами, но есть еще и высшая область. Мы чувствуем лишь то, что доступно нашим пяти органам чувств, и через них воспринимаем только нашу Вселенную, называемую: «наш мир». Однако у нас есть возможность проникнуть глубже, сквозь наш мир в скрытую от нас часть природы, и ощутить Высший мир. Каким образом это происходит?

У человека есть пять органов чувств: зрение, слух, осязание, вкус, обоняние, но существует еще шестой орган восприятия, который называется «экран». С его помощью, обладая им, можно проникнуть сквозь материю и увидеть глубинные слои Мироздания.

Итак, ответ на ваш вопрос состоит в том, что человек должен обрести дополнительный орган чувств.

Как это практически осуществить? Вот этим как раз и занимается каббала. Она рассказывает человеку, как обрести экран.

Вопрос: Каким способом обрели экран Адам, Авраам?

Только с помощью своего стремления. То были особые, очень тонкие души, которые одним своим устремлением смогли проникнуть сквозь оболочку нашего мира, чтобы суметь ощутить его более тонкие структуры. Таким образом, исходя уже непосредственно из личного постижения, они развили в себе шестой орган чувств – экран, а затем изложили методику его создания, которой может пользоваться каждый, кто этого пожелает.

Итак, развитие каббалистической методики сводится к способу создания шестого органа восприятия в каждом из нас. Поскольку от поколения к поколению человечество и человек меняются, то изменяется и сама методика.

Вопрос: О чем же далее повествуют древние источники?

Как поведал нам древний Мидраш, Авраам не успокоился на личном духовном постижении и решил организовать свою школу. Почему? Он почувствовал, что кроме него существуют еще множество людей, живущих рядом с ним, которые тоже испытывают потребность проникнуть в Высший мир, не ощутимый для обычного человека.

Далее Мидраш рассказывает, что Авраам сидел у своего шатра и зазывал в гости проходящих мимо бедуинов, своих собратьев. Радушно угощал их и одновременно рассказывал, что такое каббала и на какие высоты постижения можно подняться с ее помощью. В результате вокруг него собралась группа людей, из которых он постепенно воспитал каббалистов то есть ощущающих и постигающих Высшее мироздание.

Затем образовавшаяся группа переселилась на территорию древнего Израиля и стала называться исраэль (от слов «исра»-«эль» – прямо к Высшему) то есть «устремленные в Высшее». Подчеркиваю, это не был народ, а именно каббалистическая группа, которая образовалась под руководством Авраама из некоторого числа жителей тех племен, которые жили в Междуречье примерно 4000 лет назад.

До сегодняшнего дня многие утверждают, что исраэль – не нация, не этнос – и они правы.

Далее эта группа развивалась, совершенствовала каббалистическую методику, прошла периоды изгнаний, египетского рабства.

Вопрос: Как в дальнейшем развивалась каббалистическая методика?

Затем появился следующий каббалист – Моисей, который изложил каббалу в самой известной всему миру книге – Торе (от слова Ор – свет). Это первые пять книг Библии, и потому ее еще называют «Пятикнижие».

Моисей – это следующий этап развития каббалы, он написал Тору в виде аллегорий, используя примеры нашего мира, на так называемом языке ветвей. Он передал ее содержание таким образом, чтобы каждый человек мог усмотреть сквозь наш мир Высший мир, поскольку оттуда нисходят силы управления, благодаря которым и материализуются всевозможные объекты, предметы, завязываются связи между ними. То есть Моисей для описания и обозначения сил, существующих в Высшей сфере, использовал их следствия в нашем мире.

Желая рассмотреть какой-либо духовный объект, ту или иную силу, определенное явление в Высшем мире, он дает им названия, которые являются их следствием в нашем мире. Если в нашем мире этот духовный объект существует в виде камня, значит, он называет духовную силу камнем.

Истинный смысл Библии

Тем, кто видит только наш мир, используя пять естественных органов восприятия, кажется, что Тора говорит о его устройстве, об отношениях между людьми, их поведении внутри общества, о том, как следует им поступать в том или ином случае, как обустроить человеческое общежитие и какие установить законы. На самом деле это абсолютно не так.

Сквозь объекты нашего мира в Пятикнижии прописаны закономерности Высшего мира. Таким образом, можно считать, что Моисей рассказывает о вещах довольно абстрактных. Например: как строить Храм и работать в нем; как выполнять некие непонятные предписания, называемые заповедями, большинство из которых в нашем мире вообще не имеют никакого рационального объяснения (кроме таких, как «Возлюби ближнего» и нескольких других).

В основном же заповеди служат только для описания Высшего мира, но словами нашего земного языка. Поэтому люди, воспринимающие только наш мир, читая Тору, полагают, что это историческое повествование. Каббалисты же видят, что в ней излагаются законы Высшего мира. События в ней переданы языком причины и следствия. То есть следствие в нашем мире дает название силе, которая его создала и удерживает. В духовном мире нет названий, поэтому когда человек смотрит сквозь материальный объект или действие на силу, создавшую его, то называет всю цепочку ее духовным именем.

Вопрос: Приведите, пожалуйста, какой-нибудь известный библейский пример и покажите, как его трактует каббала? Допустим, был ли на самом деле исход, или он придуман?

Возьмем для примера такое событие, изложенное в Торе, как нисхождение в Египет; семь тучных лет и семь голодных в египетском рабстве; бегство от фараона; проход через Красное море; вход в Синай; дарование Торы, то есть раскрытие Творца; затем сорокалетнее путешествие через всю пустыню, и далее – до построения Первого Храма.

Все исторические события действительно происходили в нашем мире: и разрушенный Храм, и путешествие по Египту, и гора Синай, и все, что было создано в Египте во времена рабства. Всему этому имеются исторические археологические доказательства, но каббалисты смотрят на данные факты по-иному. Они, рассматривая данные объекты, явления и события нашего мира, видят сквозь них проекцию Высших сил, их действие, влияние на наш мир. Они изучают, к чему именно ведет такое воздействие.

Почему началась вся история Вселенной и человечества и развивается с определенного момента именно таким образом? К чему это все приводит в результате? То есть ученый-каббалист сквозь те или иные исторические рассказы видит весь спектр воздействия Высших сил на наш мир. Если мы изучаем эти силы на Высшем уровне, то рассматриваем их не только относительно наших тел, но и относительно наших душ. Чуть позже я объясню, что это значит.

Как бы то ни было, все, о чем говорится в Библии, в итоге исполняется вплоть до нашего поколения, до конца XX века. Начиная с XX века и далее, наступает особый период в истории человечества. Это время, когда оно вновь обретает древнюю кабалистическую мудрость, идущую к нам от Адама, чтобы с ее помощью начать проникать внутрь природы, постигать ее корни.

Мир сегодня находится в тяжелом кризисе, который является побудительной причиной, вынуждающей нас искать смысл нашего существования, его цель и первоначальный замысел.

Каббалистическая группа или народ

Итак, последователями Адама, надо полагать, были лишь единицы. Вокруг Авраама собралось уже несколько десятков учеников, постепенно к периоду египетского рабства эта группа увеличивалась и достигла огромного количества – 600 000 мужчин. Все они находились на уровне постижения Высшего мира. Рождался мальчик, его обучали читать, писать и воспитывали таким образом, чтобы в нем развился шестой орган чувств для проникновения внутрь мира, чтобы он не чувствовал себя замкнутым только в этом мире, а ощущал все причины и следствия происходящего в Мироздании.

На таком уровне находилась в тот период каббалистическая группа, и ее уже можно назвать народом, хотя обычное определение этого понятия не подходит в данном случае. Благодаря научным исследованиям удалось установить, что ДНК людей, населяющих Израиль, и представителей этнических групп, которые еще сохранились и живут сейчас в Иране и в Ираке – на территории древней Месопотамии, – идентичны.

Так вот, эта каббалистическая группа находилась на высоком духовном уровне, в полном постижении Высшего мира, понимая, каким образом он взаимодействует с нашим миром.

Природа человека

Вопрос: Можно ли сравнить этот процесс с этапами развития эгоизма?

Именно так. История человечества непосредственно связана с природой человека, а это – эгоизм, который постепенно развивается.

Наша Вселенная создана как огромное собрание неживой материи: глыб минералов, скоплений газов и т.п. Затем в итоге борьбы между силами природы образовалась Солнечная система, в том числе и Земля. В течение миллионов лет создавались условия, когда стало возможным возникновение жизни на нашей планете. Вслед за неживой, растительной, животной природой появляется человек, и далее процесс развития идет до появления Адама.

Адам – это человек, у которого был так называемый нулевой уровень эгоизма (всего существует пять эгоистических уровней). Затем эгоизм начинает увеличиваться, расти до следующего уровня – первого, и проявляется в Аврааме. Поэтому Авраам, используя свои большие эгоистические потребности, в состоянии глубже проникнуть в Мироздание. Он может написать книгу, информативно намного более совершенную, чем была книга Адама. То есть он дальше продвигается в разработке каббалистического знания.

Следующий уровень – Моисей – намного выше предыдущих: это уже качественный скачок. Он получает постижение в виде Торы, которая рассматривает все Мироздание в целом, а не отдельные частные его проявления. Таким образом, и вся каббалистическая группа, возросшая количественно и изменившаяся качественно, понимается на ступень, которая называется «Храм».

Вопрос: Что каббалисты подразумевают под понятием «Храм»?

Храм – это не просто здание в нашем мире. Если мы посмотрим на Высший мир сквозь наш мир, то Храм олицетворяет собой духовную ступень, на которой находится каббалистическая группа. Она в то время была на уровне Первого Храма, на ступени света мудрости.

Затем эгоизм снова возрос, и в результате этого роста духовный уровень народа упал, народ ушел в вавилонское изгнание и опустился до уровня Второго Храма. Это уже не свет мудрости, а свет милосердия.

Так называются каббалистические уровни: самая большая глубина постижения сил, свойств Высшей природы, которая управляет нашим миром, называется светом мудрости, меньшая глубина – светом милосердия.

Затем эгоизм еще увеличился, и весь народ опустился с уровня Второго Храма, до состояния, которое называется «изгнание».

Вопрос: Что означает «изгнание» в каббалистическом смысле?

Смысл понятия «изгнание»

Изгнание в нашем мире аллегорически выглядит как выдворение из земли Израиля, а если смотреть сквозь это событие на Высшие корни, то оно означает падение с духовных уровней. Цепочка, идущая от Адама, Авраама и Моисея, привела к тому, что весь народ вдруг оказался не на духовном уровне, а ограниченным в своих ощущениях только пятью органами чувств. До этого состояния, до крушения Второго Храма, у них еще действовал шестой орган восприятия. Начиная с момента крушения Второго Храма, эти свойства полностью исчезли, и у всей группы людей остались только обычные пять органов чувств. Вот это и называется «изгнанием». Оно должно продлиться, как сказано в каббалистических источниках, до 1995 года по гражданскому летоисчислению, или до 5755 года, если мы будем производить отсчет от рождения Адама.

Вопрос: Существовали ли еще какие-то каббалистические источники в тот период?

На переломе, после крушения Второго Храма, полного изгнания с духовных ступеней и падения в наш мир появляется каббалистический источник, написанный особым языком. Это очень известная книга, которая называется «Зоар».

Интересна история ее создания: этот труд написал во II веке нашей эры большой мудрец рабби Шимон бар Йохай. Он создавал его, живя в пещере вместе со своими учениками. Всего их было десять человек, в соответствии с десятью основными высшими свойствами, которые называются десять сфирот. Они написали эту книгу и скрыли ее, потому что она должна была появиться на свет только через 2000 лет, то есть в наше время.

По чистой случайности труд обнаружился раньше назначенного срока, попав в виде разрозненных листов к одному испанскому каббалисту. Из этих фрагментов и была создана книга «Зоар», которая известна нам сегодня. По сведениям первоначальный ее вариант был во много раз больше.

На сегодняшний день «Зоар» включает в себя только каббалистические комментарии на отдельные главы Библии Моисея. В оригинальном виде книга состояла из комментариев на все тексты Пророков и на все Святые Писания. То есть труд был раз в двадцать больше по объему, чем тот, что мы имеем.

Книга «Зоар» была скрыта от человечества, начиная со II века нашей эры, примерно до IX, когда ее по иронии судьбы обнаружили на базаре, среди мусора, и собрали из разрозненных листков. Книга попала уже в собранном виде к известному каббалисту того времени Моше дэ Лиону.

Это был очень богатый человек, он купил книгу и хранил ее у себя, а когда умер, его жена продала рукопись. Она не знала подлинной ценности этого произведения. Сочинение приобрел издатель и решил, что она достаточно интересна. Видимо, как и в наше время, тогда тоже был спрос на всякие мистические трактаты. Он начал ее тиражировать, таким образом, книга «Зоар» раскрылась.

Моше дэ Лиону было прекрасно известно, что «Зоар» нельзя обнародовать, он был великим каббалистом, но потом книга попала в невежественные руки. Оттуда и началось ее путешествие по свету. На этом труде выросли многие поколения всевозможных исследователей текста: арабских, христианских, иудейских. Она дала большой толчок к развитию всего человечества.

Вопрос: Почему же книга «Зоар» была скрыта?

Потому что эти две тысячи лет человечество находилось в состоянии постепенного внутреннего развития. Мы знаем, насколько медленно эволюционируют общественные формации: античность перешла в средневековье, потом средневековье изжило себя, затем началась эпоха Возрождения, и постепенно, шаг за шагом, сформировалось наше современное общество.

Все это требовало огромного количества времени, и человечество не должно было в этот период, развиваясь при постоянном росте эгоизма, плутать в высших сферах, которые оно все равно не в состоянии было осознать, приспособить для себя и правильно использовать.

Эта книга содержала в себе абсолютно всю каббалистическую мудрость на очень высоком уровне. Она написана именно накануне выхода из духовного постижения в духовное изгнание, для того чтобы «проспать» вместе с человечеством 2000 лет полного отключения от духовного постижения, от ощущения Высшего мира, с той целью, чтобы, как она сама предсказывает, с конца XX века, а точнее с 1995 года, начать раскрываться людям.

Вопрос: Каким был дальнейший этап развития каббалы?

Следующий период развития этой науки – скрытый. То было время поздней античности и перехода к средневековью. Человечество дремлет, а его эгоизм постоянно увеличивается.

На следующем этапе эволюции эгоизма появляется АРИ – великий каббалист XVI века, проживавший в Цфате, на севере Израиля. Чем знаменит АРИ? Тем, что он заложил основы современной каббалы. Этот человек жил уже в начале технологической эры, когда средневековье себя изжило, ему на смену устремилось Возрождение, и начали пробиваться ростки новой цивилизации. Все это создало условия для появления каббалиста, изложившего постижение Высшего мира языком близким к научному. От АРИ получила свое развитие вся наша современная каббала.

Он написал много книг. Самая главная из них – «Древо Жизни». Этот труд и еще около двадцати других сочинений являются и на сегодняшний день основными каббалистическими учебниками.

Вопрос: А что было потом?

Время шло, эгоизм возрастал, развивался, и следующий период после АРИ – это совершенно новый этап, когда каббала раскрывается всему человечеству. Ради этой великой цели появляется особая душа, особенный человек, выдающийся каббалист, живший в первой половине XX века. Каббалисты называют его Бааль Сулам.

Он знаменит тем, что создал комментарии на книгу «Зоар», которые называются «Сулам» (лестница). Отсюда – его имя. Он изложил каббалу в таком виде, что человек, изучая эту науку, как по лестнице, постепенно, ступенька за ступенькой, может выбраться из обычного для всех нас состояния, ограниченного ощущением только нашего мира.

Ничего не понимая, не зная, где он был до этой жизни и куда идет после нее, человек начинает постепенно раздвигать рамки этого мира и видеть то, что находится за ним, в следующих измерениях.

Методику создания шестого органа чувств и постепенного проникновения с его помощью во внешнее мироздание создал для нас Бааль Сулам. Потому он и был прозван этим именем **«Бааль Суллам»**: в переводе – «хозяин лестницы», или «владеющий ступенями познания». Его настоящее имя – Йегуда Ашлаг, но все знают его по названию созданной им методики **Бааль Сулам**. Нет более великого и близкого нашему поколению каббалиста во всей истории становления этой науки.

Достигнув самого последнего уровня развития эгоизма, человечество погружается в глубочайший кризис во всех сферах жизнедеятельности: в науке, экологии, информации, семейных отношениях, социальных связях. От непонимания мира, в котором он находится, человек прибегает к употреблению наркотиков, депрессия становится болезнью номер один в мире.

Именно в такой период, как написано в книге «Зоар» две тысячи лет назад, она и должна раскрыться, а делает это Бааль Сулам. Он, как я уже говорил, пишет комментарии на книгу «Зоар», дополняет ее и создает на основе данного труда абсолютно полное каббалистическое учение – **методику постижения Высшего мира**.

Кроме того, он начинает раскрывать каббалу для всех потомков Адама. Адам в переводе с иврита – человек, и, стало быть, каббала предназначена для всего человечества. Она не имеет отношения ни к религии, ни к определенному народу или этносу. Это знание было передано через каббалистическую группу, через все поколения, сквозь тысячелетия всем тем, кто желает знать, в каком мире мы существуем, откуда пришли, куда уходим, как можем изменить свою судьбу. Все это открывается нам в современном изложении в сочинениях Бааль Сулама.

Основной труд Бааль Сулама – «Учение Десяти Сфирот». Это сложное сочинение, к нему существует множество предварительных поясняющих материалов и статей. Я тоже написал некоторый комментарий к этому произведению Бааль Сулама на русском языке. В оригинале книги много сложных графиков, чертежей и таблиц, показывающих взаимозависимости между высшими силами и их воздействие на нас, на наш мир.

В таком виде каббала – это уже действительно наука, современная система знаний.

Вопрос: Как сейчас происходит изучение этой науки?

Международная академия каббалы

Международная академия каббалы, руководителем которой я являюсь, организует международные научные конференции с учеными – биологами, физиками и другими специалистами естественных наук. Мы находим с ними общий язык, говорим о постижении мироздания.

Каббалисты рассказывают ученым о корнях природы, в которой мы существуем, они подбираются к ним из нашего мира и наталкиваются на границу возможности постижения их человеком. В фундаментальных науках уже несколько десятилетий наблюдается кризис. Потому что разорвать круг, охватывающий наш мир, человек не в силах. Для того чтобы выйти за его пределы, то есть постичь более тонкие структуры мироздания, ему необходим шестой орган чувств – экран.

Мы, каббалисты, объясняем ученым, как нисходят в наш мир Высшие духовные силы, а они, со своей стороны, показывают, каким образом силы нашего мира подходят вплотную к духовным силам. Это особенно наглядно можно проследить в квантовой механике, которая оперирует высокими скоростями и сверхмалыми размерами, порядка атомных. Мы начинаем понимать друг друга и, соединяя две области знаний, убеждаемся в том, что дальнейшее проникновение в мироздание должно осуществляться не посредством приборов, а и за счет изменения, повышения чувствительности самого человека.

В настоящий период существует некоторая проблема в «стыковке», в нахождении общего языка между каббалой и академической наукой. Такой язык еще предстоит разработать, но это проблема практического свойства, и она уже определена для всех как задача, которую необходимо решить, чтобы тем самым способствовать ликвидации кризиса и в самой науке, во всех ее областях, включая цикл естественных знаний, и весь комплекс, который мы называем общественными науками.

Каббала в нашем мире становится средством, инструментом для постижения следующей области мироздания. На сегодняшний день это средство доступно всем.

Вопрос: Как в дальнейшем Вы предполагаете развивать каббалу? Какой вообще прогноз дают каббалисты?

До нашего времени практически все, о чем написано в книге «Зоар» исполнялось. Дальше, говорится в ней, человечество достигает критического периода, когда террор и кризисы начнут с большой силой давить на всех, вынуждая раскрыть и понять мир, в котором мы существуем, для того чтобы просто, в прямом смысле слова, уцелеть, спастись, выжить.

Каббала утверждает, что люди непременно обнаружат, насколько она им необходима как средство для обретения себя внутри этого большого и сложного мира.

Современная каббала развивается в основном в каббалистическом центре, который я создал еще при жизни своего учителя, великого каббалиста, старшего сына Й. Ашлага (Бааль Сулама) Баруха Ашлага (Рабаша).

Сын Бааль Сулама практически унаследовал духовное достояние своего отца, воспринял его духовный уровень, перенял методику. В течение последних 12 лет жизни Рабаша я был его секретарем, учеником, заместителем, помощником и написал свои первые книги. Тогда же, еще при жизни моего Учителя, я организовал каббалистическую группу. После того как он нас оставил, мы продолжили развитие методики великих каббалистов, переданной мне моим Учителем.

На сегодняшний день у нас есть огромная организация, включающая в себя сотни тысяч людей из разных стран, которые изучают каббалу именно по этой методике, так как иной на настоящий момент просто нет. Существуют более древние каббалистические книги, из которых современный человек не может ничего понять и реализовать. Труды, которые оставили нам Бааль Сулам и мой Учитель, являются основополагающими, базовыми для современной каббалы. Любой человек, изучая их сейчас, может овладеть методом создания шестого чувства, начать его развивать и, соответственно, проникать в ту область, которая находится за пределами возможностей наших пяти органов чувств. Это подобно стереокартине, на которой мы видим множество штрихов, а когда присмотримся или наоборот, расфокусируем определенным образом свое зрение, то входим внутрь, и вдруг начинаем видеть трехмерное изображение.

Академия каббалы предназначена именно для этой цели: развивать данную методику.

Вопрос: Хотелось бы немного подробнее поговорить об особенностях каббалистических книг, чем именно они отличаются от обычной литературы или научных трактатов?

Особенность каббалистических книг

Ньютон и целый ряд других выдающихся ученых специально изучали древнееврейский язык, чтобы читать в подлинниках каббалистическую литературу. Почему именно на языке оригинала? Потому что свойства букв ивритского алфавита, их форма, соединение между собой, их гематрия, то есть числовые значения, их чередование – все это отражает переливание свойств одной духовной силы в другую.

Когда каббалист читает текст, для него это не просто подбор предложений, а порядок выполнения определенного духовного действия. Он видит в буквах, их сочетаниях, в том, как они могут быть переставлены, подробные предписания к действию.

Каббалист, глядя на каббалистический текст, входит в него через эти слова. Когда он видит объекты нашего мира, он проникает сквозь них в их высшие свойства, в силы, которые этими объектами управляют.

Постигая каббалистический текст, мы проникаем чувственно, шестым органом чувств, в Высший мир. Мы начинаем ощущать, каким образом его силы воздействуют на нас. Читая каббалистический текст, каббалист ощущает Высший мир. Это подобно тому, как музыкант, глядя на ноты, слышит музыку, тогда как для обычного человека они выглядят просто черными точками с хвостиками. Для музыканта же – это язык, передающий информацию, имеющий структуру, движение.

Каббалист, читая слова и предложения, пропускает через себя все действия мироздания. Он находится на их уровне, становится как бы лабораторией, в которой эти действия в данный момент происходят. Постижение Высшего мира через шестой орган чувств – постижение чувственное, но оно одновременно очень четкое, научно оцениваемое, его можно измерить, задать векторы. Это подобно тому, как на экране компьютера мы видим некую картину – красивые цветы, поляну, солнце, – то, что вызывает в нас определенные эмоции. Вместе с этим человек, который понимает, что это за картина, может видеть в ней сочетание определенных электрических, информационных векторов, которые ее строят на мониторе.

Каббала говорит нам об этих векторах, а каббалист, понимая их соединения и воспринимая их через сочетание букв и графиков, воспроизводит данную картину – экран же находится внутри нас. Поэтому шестой орган чувств и называется экраном, так как на нем внутри себя каббалист ощущает картину Высшего мира.

Шестой орган чувств

С крушением Второго Храма шестой орган чувств исчез в народных массах и сохранился только у каббалистов, у отдельных личностей, постигающих Высший мир. В наше время методика создания шестого органа восприятия, которая называется каббала, доступна всему человечеству.

Поэтому сейчас мы постоянно и слышим, как уже со всех сторон раздается – каббала, каббала, каббала. Люди пока еще подсознательно, не понимая истинного значения этой науки, начинают интересоваться тем древним учением, идущим от времен Адама, потому что в глубине души они чувствуют, что их спасение – в постижении Высшего мира.

Если мы увидим всю картину мироздания, всю палитру сил, которые на нас действуют, мы все без исключения станем праведниками. Просто начнем правильно поступать. Нам все станет настолько ясно и понятно, что мы не сможем поступать иначе, не желая сами себе навредить. Поэтому нет иного метода, средства для того, чтобы выжить, кроме как показать всему человечеству, в каком мире мы живем! Увидев это, люди, естественно, будут правильно жить и совершать благие поступки. Потому каббала и раскрывается в наше время как необходимая насущная методика. Что же мне нужно делать, как я могу измениться и изменить свою жизнь с помощью каббалы? Каким образом мне можно к ней прикоснуться? Как построена система обучения, как изучается теория Мироздания?

Знакомство с каббалой

Естественно, у человека возникает вопрос – действительно ли эта наука даст ему все ответы, поможет в развитии его способностей? Возможно, он станет лучшим специалистом в своей профессии, сможет полнее понять и узнать мир, в котором живет? Сумеет ли она вывести из личного кризиса, избавить от дурных привычек, если показать во всей глубине их ужасные последствия? Найдутся ли, наконец, у человека силы отказаться от плохого образа жизни?

Если все это возможно, и учение окажется полезным, что же делать дальше, где поближе познакомиться с этой наукой, поглубже вникнуть в ее законы? Каким образом преподается каббала, из каких частей она состоит?

Каббала состоит из двух основных частей:

– внутреннее созерцание;

– структура Мироздания.

Обе они изучаются одновременно. Внутреннее созерцание направлено на развитие экрана, оно должно привести к его возникновению. Структура мироздания призвана объяснить человеку строение того, что он постигает.

То есть с одной стороны, я заранее изучаю какой-то объект: его свойства, силы, динамику и т.д. Я постигаю теорию по книгам, написанным каббалистами. Одновременно с помощью внутреннего созерцания я создаю в себе экран, шестой орган чувств, и тогда эта теория становится для меня практикой: я прихожу к тому, что изучаю структуру Мироздания уже своим постижением, своим ощущением.

Вот из этих двух частей состоит в целом каббала. При более углубленном ее изучении вы узнаете, что в ней существует еще множество подразделов.

Все науки, которые люди развили в нашем мире, как, например, биология, физиология, медицина, математика, физика, химия, общественные науки, искусство, музыка, философия и ряд других, с помощью которых познавали и выражали себя, имеют под собой каббалистическую основу. Поэтому можно говорить о каббалистической биологии, каббалистической географии, каббалистической физике, химии и т.д.

Очень интересный предмет – кабалистическая география. Есть поверхность земли, на которой мы существуем. Сверху на нее действуют всевозможные духовные силы из Высшего мира. Что по этому поводу говорит каббалистическая география? Какими свойствами Высший мир воздействует на каждую точку нашего мира, такими свойствами обладает земля в каждой своей точке, и мы видим, что она действительно обладает различными качествами.

Люди, которые живут в Китае, даже физически выглядят совершенно по-другому, чем те, кто живет в Южной Америке. У них разная ментальность, характеры. Почему? Потому что сверху на них действуют разные силы.

Каббалистическая география объясняет, какие это силы, как они постепенно меняются, и каким образом в соответствии с этим меняется история народов. Тогда речь пойдет уже о каббалистической истории. Как меняются внешние силы и приводят в движение человеческие массы? Почему вдруг делаются какие-то научные или географические открытия? Все это следствия воздействия Высших сил, приближение этих Высших сил к нам.

Таким образом, изучение каббалы дает обычному человеку возможность сделать совершенно неожиданные открытия. Он вдруг начинает понимать, отчего все появляется вокруг. Почему именно таким образом развиваются люди? Почему именно так, а не иначе развивается общество? Почему строение мужчины отличается от строения женщины. Все это зависит от влияния тех Высших сил, которые воздействуют на нас. Мы изучаем их в курсе каббалы, в нашем основном источнике – «Учение Десяти Сфирот».

9–11-я части этой книги рассказывают об устройстве и воздействии сил, которые в нашем мире дают следствие в виде женского или мужского организма, показывают, почему они именно таким образом должны производить потомство. Мы видим то же воздействие и на неживом, и растительном, и животном уровнях. Отсюда мы понимаем, из чего мы состоим, что вынуждает нас к тем или иным действиям? В чем заключается основа отношений между нами, между полами, между родителями и детьми, и т. д.

Знание этих законов неожиданно, самым простым образом помогает разрешать наболевшие общественные проблемы.

Каббала говорит о развитии общества, о развитии человеческих формаций. Как и какие исторические этапы должно пройти человечество от древнего общинного строя и до своего совершенного состояния.

Каббала говорит о том, что человечество обязано пройти через все эти эволюционные периоды. Оно уже многое пережило, вынужденно, в муках, потому что переход из одного состояния в другое совершается только по закону отрицания отрицания. Когда существование становится непереносимым, только тогда человечество выходит из него и зарождается следующая формация, следующий общественный строй.

Мир в данный момент как раз находится в таком нестабильном состоянии, которое становится неприемлемым: террор, наркотики, распад семьи, развал общественных отношений. Все население планеты, сколь бы ни были велики ее размеры, уподобляется «маленькой деревне», когда взаимодействия между составными частями достигают огромных напряжений. Любой взрыв может отозваться во всем мире совершенно неожиданным образом.

Каббала говорит о том, что не стоит ждать, когда в нашем теперешнем положении в результате острого напряжения сил мы будем вынуждены перейти в следующее состояние, к очередному общественному строю. Потому что последствия воздействия этих сил будут ужасающими, вплоть до войны на всеобщее уничтожение. Ввиду такого положения дел, каббала особенно необходима нам для раскрытия сил, которые на нас воздействуют, чтобы мы увидели картину будущего в ее положительном и отрицательном «исполнении», и имели возможность, таким образом, избежать негативного сценария.

Общаясь с психологами, социологами, я вижу, насколько неожиданные решения они извлекают даже из случайных бесед, которые возникают у нас в кулуарах научных конференций, или на неофициальных встречах. Каббала, объясняющая общее мироздание, необходима каждому человеку в отдельности и всему человечеству вместе.

Вопрос: Что каббала дает простому человеку?

Выше мы говорили о взаимодействии каббалы с другими науками, рассматривали вопрос о том, как нам избежать всеобщих глобальных кризисов. Теперь давайте разберем, а что она дает простому человеку? Каббала помогает понять, что в процессе своего существования каждый человек прожил в нашем мире много жизней, неоднократно спускался в наш мир, рождался и снова уходил.

До какого времени и сколько раз человек должен нисходить в наш мир? До тех пор, пока он, полностью освоив каббалу, не сформирует из себя личность, поступающую правильно в силу полного раскрытия мироздания. Он обязан достичь такого состояния и тогда не должен будет больше нисходить в наш мир.

Каббала говорит о том, в каком виде человек пребывает в ином измерении, до рождения в нашем мире, до появления в нем пяти органов чувств, в какое состояние он переходит после того, как побыл в нашем мире в каждый исторический момент, в каждый кругооборот своей жизни.

Вопрос: А что дальше? Что значит, больше не рождаться, что ждет человека после этого?

После того как человек раскрывает для себя все мироздание и поднимается в самое совершенное свое состояние, он больше не возвращается в этот мир. В этом и заключается цель его творения. Что значит быть в нашем мире или находиться в другом состоянии вне нашего мира, до нашего рождения или после смерти?

Мы появляемся в нашем мире, рождается наше биологическое тело, мы существуем в нем, внутри своих пяти органов чувств, определенное время, допустим, 70 лет. Просуществовав этот срок, тело умирает. Наша внутренняя суть – можете назвать ее душой, в каббале это называется «кли» (сосуд) – остается в том же состоянии. Душа, этот сосуд, приобретает телесную оболочку, а затем лишается ее, и вся причина нисхождения души в наш мир и обретения плоти состоит в том, чтобы через пять органов чувств мы обрели шестой орган чувств и, таким образом, постигли Высший мир, находясь в нашем мире.

В результате этого постижения структура, называемая душой, становится совершенной. Об этом много говорится в курсе каббалы, называемом «Кругооборот душ». Из него вы узнаете, почему у каждого человека свои кругообороты, кем мы были в прошлых кругооборотах, какие следующие кругообороты нам уготованы, должны ли мы их проходить или можно этого как-то избежать.

Вопрос: Что такое существование вне тела?

Каким образом возможно вообще понять существование вне нашего тела? Каббалист, когда он воспринимает Высший мир через шестой орган чувств, испытывает то же ощущение, в котором пребывает душа вне тела. То, что обычный человек может испытать после смерти, тот же мир, то же состояние каббалист ощущает, находясь в биологическом теле, потому что приобрел этот шестой орган чувств.

Для него в таком случае переход от земной жизни к неземной не представляет никаких трагических метаморфоз, он совершенно естественно воспринимает свое существование в этих обоих состояниях. Затем, когда необходимо, снова нисходит в этот мир для завершения своего исправления. В нем и рождение, и смерть внутренне абсолютно гармонично уживаются. Это так же, как в нашем мире человек меняет одежду.

Постигая и душу, и тело, он понимает, что тело – это внешняя оболочка души. Об этом не просто говорить, потому что у людей существуют очень странные, неверные представления на сей счет, и необходима определенная методическая настройка, чтобы человек начал правильно понимать и ощущать данные категории. Они – совсем не то, что обычно люди подразумевают под словами «душа» и «тело».

Теперь попытаемся объяснить, какого состояния человек достигает после того, как обретает шестой орган чувств – экран? Он видит, ощущает, существует в истинном объеме мироздания, знает, как необходимо поступать. С помощью экрана человечество исправится и достигнет существования в общем полном духовном объеме, который ощущается как бесконечное, вечное и совершенное состояние.

Вопрос: Как человек осваивает каббалистическую методику?

Человек существует на определенном энергетическом, информационном уровне. Достигнув некоторого состояния, он начинает ощущать потребность в решении вопроса: кто я и для чего живу, в чем смысл жизни? Порой даже сам вопрос для него не ясен, вернее, он даже не возникает, человек не задается им, а просто погружается в депрессию, чувствуя себя потерянным и пустым. Мы видим, что хотя все человечество и не задает этого вопроса явно, депрессии, распространение наркотиков говорят о том, что стоит он очень остро.

В этот момент – то тут, то там – появляется информация, что есть такая наука – каббала, которая непосредственно на этот вопрос отвечает. Некоторые люди принимают это к сведению, а многие продолжают существовать, как и прежде. Что делать: поневоле родился, поневоле живу.

Теперь рассмотрим вопрос о том, кто может считать себя каббалистом, а кто нет? Допустим, вы уже приступили к изучению каббалы, нашли какую-то каббалистическую книгу, заглянули в Интернет, посмотрели фильм о каббале. Считаетесь ли вы каббалистом? Как определить кто каббалист, а кто нет? Как вообще человек осваивает каббалистическую методику?

Если человек открывает каббалистическую книгу, источник каббалистической информации, что это ему дает? Книга, где говорится о Высшем мире, существует в нашем мире. Ее написал автор, находящийся выше нашего мира, хотя в то время он пребывал еще в человеческом теле, но своим постижением был на определенном уровне Высшего мира.

Он рассказал в этой книге о своем опыте постижения, о духовном мире, о духовных ступенях. Это каббалист. Теперь, предположим, я, не каббалист, открываю его книгу, возможно, в совершенно другую эпоху, а может быть, еще при жизни автора, не имеет значения. Я существую в своем теле, у меня нет никакого опыта духовного постижения, но, прочитав книгу, написанную каббалистом, внутри меня появляется желание узнать, о чем же он все-таки говорит.

Он использует понятия, находящиеся вне нашего мира, которых я не знаю. По мере возрастания желания, на меня воздействует Высший свет, я получаю высшую энергию, высшее постижение того каббалиста, и постепенно во мне рождается экран. Экран, на котором я начну ощущать силы и образы Высшего мира. Он появляется у меня именно в результате воздействия свыше энергии, света, информации, идущих через истинные каббалистические источники. Поэтому нам нельзя просто читать какие-то книги, написанные «полукаббалистами» или людьми, выдающими себя за каббалистов.

Мы должны читать только признанные, проверенные, как бы утвержденные, источники, иначе наше чтение будет просто поглощением беллетристики, которую сфабриковали в нашем мире. Пусть даже само содержание каббалистической книги останется непонятным, нас интересует в ней излучение той энергии, света, который нисходит на нас и строит экран. Вот что важно себе уяснить. Следствием изучения каббалы является обретение экрана, шестого органа восприятия, шестого чувства, и потому надо читать подлинные каббалистические книги, а они нам известны.

Это, в первую очередь, труды последнего великого каббалиста Бааль Сулама «Учение Десяти Сфирот», книга «Зоар» с его комментариями, книга «Древо Жизни» великого АРИ, книга «Зоар» сама по себе, Библия, написанная Моисеем, на которую надо смотреть каббалистическим взглядом, затем «Книга создания», которую написал Авраам. Существует еще несколько каббалистических источников, которые мы используем, потому что их высшее излучение обогащает, оно велико, оно эффективно.

Вопрос: Как происходит подъем по духовным ступеням?

На этом принципе строится учеба. Обучаясь по книгам каббалиста, сам становишься каббалистом. В ученике возникает экран, то есть он неким образом трансформируется и начинает ощущать мироздание, находящееся выше уровня нашего мира, этот уровень в каббале называется «махсом». Махсом – это как шлагбаум. Момент прохождения через «шлагбаум» и есть точка перехода в Высший мир, называемая духовным рождением. Далее следует подъем по ступеням постижения Высшего мира до того уровня, на котором этот каббалист создавал свои книги.

Можно подниматься и далее, каждый из нас обязан стремиться дойти до наивысшего уровня постижения всего мироздания, который ощущается нами как совершенство и бесконечность, вне границ пространства и времени. Подобного состояния человек должен достичь, находясь еще внутри своего тела. Таким образом, он «закорачивает» через себя все состояния – от максимально духовного до максимально земного. Как только человек достигает этого уровня, считается, что он выполнил свое предназначение, он стал на самом деле Человеком.

Всего ступеней постижения Высшего мира, высшего состояния, высшей природы – сто двадцать пять. Они делятся на пять миров, каждый из которых состоит из 5 ступеней, которые также делятся на 5 частей.

Вопрос: Каким образом каббалист ощущает, что он приобрел шестое чувство?

Он начинает сквозь каббалистические книги видеть то, о чем в них говорится. Притом видеть явно, чувствами и разумом, сопоставляя меж собой те или иные области ощущения и знания, что позволяет выявить абсолютно понятную картину действительности. То есть постижение Высшего мира человеком, занимающимся по каббалистическим источникам, – абсолютно реально, оно повторяющееся и измеряемое. Его можно прочувствовать, понять, осознать, измерить его параметры, передать другому в четких формулировках, в виде цифр, записей, и другой человек его воспроизведет. Так музыкант, умеющий читать партитуру, переживает, глядя на ноты, которые записал композитор.

Подобным образом передается и каббалистическая информация от каббалиста к каббалисту. То есть каббала – это наука в полном смысле слова, обладающая всем аппаратом, который должен быть у любой системы знаний.

Вопрос: Расскажите об этапах развития эгоизма.

Для того чтобы глубже понять наши состояния, рассмотрим природу нашего мира. Каббалисты, проникающие в глубь нее, из нашей природы в высшую, туда, откуда все низошло в наш мир, говорят, что существует Высший мир.

Что означает «все» и что при этом образовалось в нашем мире? Каббалисты утверждают, что наш мир находится на уровне проявления эгоизма, желания самонасладиться, и это желание распространяется на природу неживую, растительную, животную и человеческую, его можно обнаружить в нашем мире во всех своих проявлениях.

Наш мир развивался: от неживого эгоизма, порождающего неживые объекты, к растительному, затем к животному, затем к человеческому. То есть постепенное поступательное развитие эгоизма от нуля и создало весь материал нашего мира. После появления человека эгоизм развивается на человеческом уровне. В человеке тоже существуют четыре стадии развития эгоизма.

Сначала в человеке проявляются желания естественные, телесные: пищи, семьи, крова, продолжения рода – потребности в том, что желает наше тело. Даже если бы мы жили изолированно от всего общества, то испытывали бы эти естественные желания.

Следующий этап развития эгоизма приводит нас к тому, что мы желаем богатства. Богатство – это не просто деньги в банке. Это уверенность, мощь человека, обеспечение себя. Этот этап развития эгоизма привел к появлению в нашем мире следующей формации – переходу от примитивных форм жизни к более сложным общественным отношениям.

Следующая ступень развития эгоизма проявляется в человечестве как стремление к власти и славе. Возникают новые общественные отношения между людьми.

Дальнейший рост эгоизма принес человеку стремление к знаниям. Вот в этом состоянии мы и находимся. Однако и это стремление исчезает. Мы в нашем мире уже убедились, что и знания не делают нас счастливыми, не дают ответа на вопросы, которые возникают у людей. Мы находимся уже за пределами желания знаний.

Вот после этих четырех этапов развития эгоизма, которые тоже называются неживой, растительный, животный и человеческий возникает следующий вид эгоизма. Он не находится внутри нас, он выше нас. То есть человек начинает устремляться с помощью нового вида эгоизма к Высшему миру, к тому, что расположено вне нашего мира.

Он рассуждает так: желания телесные я удовлетворяю самостоятельно. Желания богатства, власти, славы я обеспечу за счет общества. Жажду знаний я реализую за счет своего личного, индивидуального развития, конечно, при поддержке всего предыдущего. А вот возникающее в нас новое желание – совершенно особое. Это стремление к тому, что не находится в рамках нашего мира, что ни посредством своего тела, ни с помощью окружающего общества, ни личными постижениями в нашем мире я удовлетворить не могу.

Я начинаю стремиться к чему-то, а к чему – не знаю. Поскольку человечество пока не может найти ответ на вопрос: для чего мы существуем, оно и оказывается в кризисе, впадает в депрессию. Наркотики, террор, насилие – суть следствия кризиса, образовавшиеся ввиду невозможности удовлетворить новый вид желания, возникающего в нас.

Это тяготение к источнику, из которого мы произошли, откуда низошли в этот мир, только оно нами еще не осознанно. Мы пока не понимаем, на что оно направлено, а лишь видим, что в нашем мире ничем уже не можем наполниться. Смысл моего желания – припасть к тому источнику наслаждения, которого в нашем мире нет. Отсюда происходят все человеческие проблемы и кризисы.

Вопрос: Что же делать дальше?

Точка в сердце – зародыш души

Все предыдущие наши желания называются «сердце». Новое стремление к духовному миру, тяготение к своему источнику, называется «точка в сердце». Отчего возникает эта точка? Как результат нисхождения души в наш мир. Здесь она облачилась в материю, но не полностью. Осталась еще в душе некая духовная точка-зародыш, и вот сейчас она в нас пробуждается.

То есть человек после развития всего своего земного эгоизма, желаний телесных, жажды богатства, власти, знаний, вдруг обнаруживает в себе совершенно новое устремление – не к нашему миру. Его буквально раздирают на части противоположные желания: с одной стороны, у него есть сердце, то есть все прежние перечисленные желания, с другой стороны, у него обнаружилось желание к чему-то вне нашего мира. Возникает диссонанс, появляется большое напряжение между сердцем и точкой в сердце, которая является частью, зародышем будущей души.

Душой называется желание ощутить Высший мир. Человеку необходимо эту точку развить с помощью изучения каббалы до такого состояния, когда она «разбухнет» и достигнет размеров огромной сферы, находясь в которой, человек воспринимает Высший мир, свое вечное, совершенное состояние. Он начинает жить в этом своем новом состоянии, в этом ощущении, оно превалирует над сердцем, над всеми его земными желаниями настолько, что он отождествляет себя с высшим состоянием, с точкой в сердце. Таким образом, человек включается в непрерывное течение высшей энергии, света, информации, которая существует на духовном уровне и никак не связана с нашим миром. Он начинает плыть в этом непрерывном и вечном океане знания, Высшего света.

Отчасти это состояние напоминает рассказы людей, переживших клиническую смерть: они ощущали Высший свет, который куда-то манил их, был настолько бесконечным, насколько добрым...

К этому состоянию мы должны прийти. Если мы достигаем его, находясь в нашем теле, то уже не будем воспринимать плоть как нечто главное. Она смирится, будет подавлена. Так маленькое желание подавляется большим. Тело с его мелочными потребностями поглощается огромным желанием и мощным ощущением, которое несет в себе постижение Высшего мира. На такой уровень мы должны подняться. В нем мы должны существовать.

Достичь этого состояния – обязанность каждого живущего на земле. Почему «обязанность»? Потому что мы должны вернуться к тому уровню, с которого мы сошли в этот мир, сама природа нас подталкивает к этому, она не отпустит ни каждого из нас, ни всех вместе, пока мы не выполним свое предназначение.

Вопрос: Почему же мы спустились, если уже были там, наверху?

Действительно, почему мы вообще должны спускаться в этот мир? Мы уже существовали в Высшем мире, на высшем уровне, пребывали в слиянии с высшим мирозданием, ощущали непрерывное течение материи, энергии, духовной информации. Дело в том, что мы на этом уровне существовали в неосознанном состоянии, не нами выбранном, не нами достигнутом. Поэтому наши ощущения в нем были минимальными, мы были лишь точкой, включенной в Высший мир, в Высший свет. Так не осознает себя зародыш в чреве матери. Он существует, но мы относимся к нему только как к зачатку будущей жизни.

Когда человек нисходит в этот мир и начинает разрабатывать свой эгоизм, ощущать через него все состояния этого мира, все мирские желания, а затем самостоятельно совершает подъем по 125 ступеням к постижению Высшего мира, то эти прозрения, эти состояния он осуществляет, проделывает сам, собственными усилиями воли, имея свободу выбора. Поэтому когда он достигает своего первоначального положения, оно уже не будет являться минимальным, а начнет восприниматься по максимуму, станет в бесконечное количество раз больше, чем изначальное.

Что значит «бесконечное»? Просто несравнимое. Если сначала человек подобен точке, существует словно зародыш в чреве матери, то теперь он стал взрослым, понимающим и ощущающим жизнь существом. Несопоставимые состояния. Зародыш души и полное желание. Точка в сердце увеличилась до размеров огромного сосуда, наполненного всей духовной информацией. Это и называется «душой».

Получается, что человек сам создает, растит свою душу из ее зародыша. Таким образом, все получение, все осознание, все раскрытие, все постижение – его личное достижение, ощущаемое им лично. Он к нему устремляется и поэтому чувствует огромное наслаждение, наполнение. Тогда как зародыш, развивающийся в утробе матери, не ощущает себя наслаждающимся, постигающим. Он полностью находится под воздействием Высшего – Высший его развивает. Человек должен предварять своему развитию усилие, желание, свое устремление, и когда он развивается, его устремление предваряет получение, которое в силу этого ощущается настоящим наполнением.

Свободны ли мы?

Вопрос: Свободны ли мы?

Этот вопрос уже самой каббалы. Конечно же, есть подъемы и спуски, совершающиеся по трем линиям. Тут целая система взаимодействия и противодействия сил, среди которых имеет место свобода воли.

Подъем происходит по особой, очень интересной системе. Человек находится под воздействием двух мощных сил. С одной стороны, это положительная, развивающая духовная сила, а с другой стороны – отрицательная, эгоистическая. Человек находится между ними, посередине. Он чувствует, как они на него довлеют и развивают его. Духовное развитие построено на правильном их соотношении, оно обеспечивает человеку возможность проявления свободы воли, свободы действия, чего совершенно нет ни при каких других обстоятельствах.

То есть если мы этого состояния не достигнем, мы никогда не будем свободными. Почему? Потому что я рождаюсь в этом мире с уже заданными свойствами.

Ученые-генетики сегодня объясняют, что за каждое наше движение, за каждое желание ответственны определенные гены. Меня воспитывают не согласно моей воле, в семье, в обществе, в этносе, во времени, в государстве, то есть в условиях, которые я не выбирал. Я совершенно ничего не выбираю. Я вырастаю взрослым человеком, уже наполненным, со всеми программами поведения, с готовой системой ценностей. Они – не мои, и далее я существую внутри общества, которое продолжает мне диктовать свои правила извне.

То есть внутри – не я, снаружи – окружающее общество, стало быть, тоже не я. Если бы мы знали заранее, что находится внутри человека, то могли бы просчитать всю программу его поведения, и не имели никаких проблем. Мы не знаем этого, что говорит лишь о недостатке информации. Человек поступает вынужденно, и никакой свободы поведения у него нет. Если это так, если мы не свободны, то разве может быть вознаграждение или наказание? Конечно, нет. Для чего же тогда они существуют? Чтобы вынужденно заставить просуществовать новые тела?

Когда у человека возникает точка в сердце, то есть появляются два желания, относящиеся к разным мирам, к разным уровням существования и к разным измерениям, тогда только у него возникает предпосылка для проявления свободы воли, которая реализуется в период духовного подъема. На него воздействуют две противоположные силы, и он использует их для того, чтобы уравновесить себя в оптимальном духовном развитии. Лишь в этом случае становится возможным действие, которое называется «свобода воли».

Никак иначе невозможно вообразить себе свободный поступок человека. Всегда он базируется на изначально заданных параметрах – во мне, в моем окружении, которое совершенно от меня не зависит. Поэтому ни у кого в нашем мире нет свободы воли – только у тех, кто начинает с помощью каббалистической методики подниматься к своему корню, к своему исконному духовному состоянию.

Вопрос: Означает ли свобода воли, что человек может влиять на свою судьбу, на внешние обстоятельства?

Когда у человека появляется возможность проявлять свободу воли, лишь тогда у него появляется возможность влиять и на свою судьбу. До этого момента у него подобной возможности нет. Допустим, я прожил десятки жизней, и в этой жизни прожил уже несколько десятилетий, но только сейчас услышал о том, что существует методика, с помощью которой я могу достичь свободы. Я узнал, что могу подняться над этим миром и по собственной воле продвигаться в постижении Высшего мира, только сейчас я имею шанс реализовать предполагаемую предлагаемую мне свободу. Иначе – никак.

Вопрос: А знает ли человек, что ему делать с этой свободой?

Постижение Высшего существования, духовного мира, Высших сил, приходит к человеку по мере получения знания, ощущения и понимания того, как правильно реализовать свободу, которую он сейчас обретает. То есть, он правильно поступает и понимает, каким образом оптимально направить себя вверх.

Вопрос: Можно ли объяснить, чем отличается жизнь каббалиста от жизни любого другого человека? Как он может использовать свои знания? Меняется ли его образ жизни? Вот вы знаете эти законы, вы живете по-другому?

Как можно объяснить, чем отличается жизнь каббалиста от жизни не каббалиста? Этого объяснить нельзя. Мы знаем, как живет человек в нашем мире: его существование (даже если вы со мной не согласитесь) я бы назвал подневольным, вынужденным, в силу необходимости, давления, страха. Все поступки, которые он совершает, определяются желанием наполнить себя максимально при минимальных усилиях. Это весь алгоритм человеческого поведения.

У каббалиста, поскольку он ощущает иной уровень Мироздания, существует другой алгоритм поведения, другие уравнения, другие формулы, другие планы, другие программы и законы. Потому что, ощущая не только наш мир, но и Высший, и понимая, что такое высшее, внеземное, вечное, совершенное бытие, он, естественно, поступает в соответствии с тем, что достигнуто им на его уровне. Оттого и поведение каббалиста иное, оно не продиктовано мелочными земными соображениями. Оно диктуется перспективой жизни не только этого мира, но и другого измерения. Поэтому каббалист принимает во внимание данные, которые обычному человеку не доступны, и поступает сообразно с ними.

Со стороны может показаться, что поступки его наивны, выглядят не совсем здравыми – он не борется за максимальное богатство, ему не требуется уверенность в завтрашнем дне, стремление к обретению земных знаний, его не заботят слава, власть. Это происходит потому, что он руководствуется высшими категориями, которые подавляют эти мелкие земные, порой низменные – временные – желания. Его решения на порядки выше, разумнее, чем решение любого человека в нашем мире. Нельзя никому навязать свою точку зрения потому, что она исходит из собственных личных ощущений, поэтому каждый поступает в меру раскрытия мироздания. Единственное, к чему надо устремляться, – как можно полнее раскрыть окружающий нас, огромный, безграничный мир, смотреть с его высоты, ощутить влияние всех сил, их свойства, их предназначение и подключиться к ним.

Вопрос: Человек, удовлетворяя в процессе жизни четыре предыдущих уровня желаний, получает некий результат в виде наслаждения – скажем, власть, деньги и прочее. И вот в какой-то момент у него появляется некое ощущение, это пятое желание. Оно сопоставимо с нашими наслаждениями? Можно сказать, что, достигнув этого, мы получаем просто вечное наслаждение или находимся в состоянии эйфории какой-то, нирваны?

Как достичь абсолютного наслаждения

Чем отличается наслаждение каббалистическое – духовное, высшее – от наслаждения в нашем мире? Это можно пояснить на простом примере. Представим наше желание в виде чаши. Оно наполняется неким наслаждением, которое приходит в ответ на голод, желание. Посмотрим, что происходит? Как только наслаждение входит внутрь желания и начинает его наполнять, желание уменьшается и затем исчезает. Уже когда оно уменьшается, в нем не ощущается наслаждения. Как бы я ни был голоден, начиная есть, каждым следующим кусочком пищи я гашу свое желание, утоляю свой голод, и таким образом перестаю наслаждаться. Поскольку желание и наслаждение противоположны друг другу, они, встречаясь, взаимно аннулируют друг друга. Поэтому в нашем мире, что бы мы ни получили, мы обязательно остаемся пустыми, и опять начинаем искать, чем бы еще насладиться.

Человек находится в постоянной погоне за желанием (за минусом), а потом за наслаждением, наполняющем его. Он получает – и опять ноль, и снова – к желанию, и снова – к наслаждению, и так без конца. Из этой погони состоит вся наша жизнь.

Мы не можем достичь совершенного состояния: наполнить чашу, чтобы она таковой и осталась. Напротив, первый ноль в два раза меньше, чем следующий, как это ни парадоксально выглядит, потому что, наполнившись один раз, я уже убедился, что мое предыдущее желание и наполнение меня не удовлетворили. То есть в следующий раз мое желание должно быть в два раза больше. Плюс, как и минус, по модулю переходят в мое следующее желание. Я снова и снова гонюсь за большим наслаждением, и снова, несчастный, становлюсь в два раза более пустым. Так протекает вся моя жизнь, пока я наконец не устаю и сдаюсь, или умираю.

Это вкратце вся наша проблема. В чем же ее решение? Оно в том, что наслаждение должно входить в желание для того, чтобы перейти к другому лицу. Это можно объяснить на очень простом примере. Допустим, наслаждение идет через мать к ребенку. Чем больше он получает и наслаждается, тем больше наслаждается мать. Потому что существует разрыв между наслаждением, которое проходит через нее, и объектом, его воспринимающим. А что же испытывает ребенок? Если он просто получил от матери это наслаждение, то в нем происходит та же аннигиляция наслаждения и желания. Он остался пустым. Однако мать делает все для него, в чем же смысл? Для него есть другое решение: получать наслаждение как хороший ребенок – потому что от этого наслаждается мать.

Образуется замкнутый цикл непрерывной энергии, которая постоянно живет за счет кругооборота между двумя объектами: дитя дает наслаждение матери, максимально наслаждаясь. Мать наслаждается еще больше, потому что это наслаждение идет от ребенка, который старается ее насладить. Получается вечный обмен энергией, вечная любовь. Если мы по такому принципу создадим в себе внутренний цикл потребления, то станем абсолютно наполненными, и никогда не окажемся на нулевом уровне. Наоборот, мы будем внутри этого цикла, а он будет бесконечно возрастать, и его постоянный рост по спирали станет все более позитивным, у нас никогда не будет отрицательного значения. Отрицательное желание чувствуется только в той мере, в какой оно одновременно наполнено положительным, где наслаждение никогда не погасит желание.

Повторяю, если мы создадим в себе такой цикл, то мы станем ощущать вечное существование, вечное наполнение, вечную жизнь. По такому принципу устроена каббалистическая ячейка в человеке – получение света жизни, получение информации, силы.

Ведь термин «каббала» образован от слова «лекабель» – получать. Каббала – наука получать. На самом деле это – методика, с помощью которой мы выходим из заколдованного круга получения «естественным образом», когда мы получаем и постоянно опустошаемся, пока не умираем. Она сложна для первоначального понимания, но когда проникаешься ею, она становится настолько ясной, что человек может с ее помощью достичь полной внутренней гармонии. В нашем мире есть великолепный пример: только связь между матерью и ребенком зиждется на естественной любви, на естественном стремлении давать другому наслаждение.

Создадим такой цикл: я – и все остальные. Я получаю свыше наслаждение, насыщение, для того чтобы насладить других, и через них оно снова вернется ко мне. Если я создаю в себе ячейку такого наслаждения, то практически становлюсь вечным, совершенным, и во мне ничего не должно меняться.

Вот это, в частности, испытывают люди, проходящие через клиническую смерть. По такой системе эгоизм отменяется в тот самый момент, когда аннулируется наслаждение и желания, они отрываются от тела, и человеку открывается доступ к получению информации иного вида. Он ощущает вечность и совершенство. На мгновение, конечно. Потом люди возвращаются и рассказывают нам о том, что пережили. Они даже не осознали, в какой поток информации попали, но сам процесс происходит именно таким образом.

Действие в замкнутом цикле, между внешним и внутренним объемом человека, и называется взаимодействием души с Мирозданием. Действие же не в замкнутом цикле, с разрывами, просто внутреннее потребление, получение для себя называется земным потреблением. Никогда в нашем мире человек не сможет насытиться. Напротив, чем больше он стремится к насыщению, тем более опустошается.

Вопрос: А духовное состояние нарастающее?

Можно сказать, что духовные состояния не постоянные. Они стремятся к бесконечному нарастанию. Мы не представляем себе, что значит бесконечное нарастание, но оно действительно бесконечное.

II. Кто такой каббалист

Каббалист и человечество

Вопрос: И все же, хотелось бы понять, кто такой каббалист? Более он счастлив в жизни, чем остальные люди?

Становится ли человек, начинающий заниматься каббалой, отрешенным от нашего мира, отдаляется ли он от реальных житейских забот? Может быть, для него семья, работа, дети, окружающие люди, все простые человеческие потребности перестают существовать, и он смотрит на всех сверху вниз, пренебрежительно: чем там занимаются эти людишки?

Ведь каббалист в состоянии охватить всю картину Мироздания, способен увидеть процессы, происходящие в нем от начала до конца. Он постигает миры, души, их нисхождение в наш мир, то, как они плывут по его течению, восходят наверх. Может быть, он, глядя на то, как озабочены своими каждодневными маленькими проблемами люди, видя бесцельность их существования, беспомощность, ограниченность, пренебрегает ими? Так ли смотрит каббалист на мир?

Оказывается, нет. Настоящий каббалистический взгляд на мир, конечно, в некоторой степени сверху вниз, но я бы уподобил его взгляду заботливых родителей на любимых детей.

Изучая общую душу, творение, которое называется Адам, мы говорим о том, что она слагается из 600 тысяч корневых частиц, которые затем распадаются на множество душ, нисходят в наш мир и вселяются, попросту говоря, в шесть миллиардов человек. Есть души, которые уже поднялись на уровень ощущения Высшего мира и теперь относятся к наиболее высокому слою Адама. Затем на этот уровень постепенно выходят души из наиболее глубинного слоя. Такие души – относящиеся к нижним слоям – гораздо продуктивнее, потому что эгоизма в них больше, степень желания выше. Души, именно сегодня приходящие к осознанию необходимости постижения Высшего мира, прошли огромную предварительную подготовку в предыдущих кругообращениях в нашем мире.

Каббалист, наблюдающий за собой и за миром со стороны, все же следит за происходящими процессами со своей позиции. Он видит, что остальные души еще не исправлены, они нуждаются в росте, им необходима соответствующая подготовка, чтобы совершить свое духовное восхождение из нашего мира, вернуться на Высший духовный уровень. К таким душам каббалист относится доброжелательно, по-отечески заботливо.

Он готовит для них методику и, включаясь всеми силами во все остальные души, обеспечивает им наиболее комфортное, легкое, безопасное духовное возвышение. Как родитель берет на себя заботу о своих детях, так и каббалист берет на себя отеческую опеку над всем человечеством. Все его страдания, невзгоды, поиски, разочарования, опустошенность он пропускает через себя, и таким образом включается в человечество, помогает ему.

На самом деле мы не ощущаем помощь каббалиста. На сегодняшний день у нас еще нет экрана – шестого органа чувств. Затем, когда мы начинаем возвышаться и подниматься на духовные уровни, мы постепенно выращиваем этот орган, неожиданно обнаруживаем его в себе и становимся – каждый из нас – равными Адаму. Здесь мы и встречаем тех великих каббалистов, которые уже сделали в нас предварительные исправления, а теперь помогают нам в духовном восхождении.

Помощь эта сравнима с тем, как человек, рождающийся сегодня в нашем мире, пользуется плодами развития всего человечества за прошедшие тысячи лет. Он еще находится на руках у своих родителей, но культура, наука, технологии работают на него. Люди, которые жили до него, страдали, открывали, трудились, готовили почву для того, чтобы сегодня он все это взял и быстро благополучно развился.

Точно так же и наше духовное возвышение базируется на фундаменте, который в предыдущие века заложили для нас множество каббалистов. Когда мы начинаем духовно взрослеть, мы видим и ощущаем, что сделал каждый из них. Таково отношение каббалиста к человечеству.

За оболочкой нашего мира

Вопрос: Что находится за оболочкой нашего мира?

Каждый человек, постепенно овладевающий каббалой, начинает видеть мир прозрачным, со всеми силами, которые за ним стоят. Он обнаруживает очень интересную картину, я сравнил бы ее с вышивкой.

Есть рамка, на которой натянута канва, а по ней крестиками вышивается некая картина. На лицевой стороне появляется определенное изображение, допустим, озеро, лес, деревья, полянка. Если же мы перевернем ее, то с изнаночной стороны увидим беспорядочное сплетение нитей, связанных между собой, цветовых переходов в разные стороны, которые ничего не скажут нам о том, что именно изображено на лицевой стороне. Казалось бы, зачем нам вообще пытаться увидеть изнанку картины?

Что мы поймем, когда начнем изучать ее? Мы узнаем, что в нашем мире все Мироздание на самом деле связано между собой, но эти связи раскрываются только в том случае, если посмотреть на его обратную сторону. То есть нам надо выйти за внешнюю оболочку нашего мира.

Когда мы обнаруживаем эти связи, силы, которые стоят за ними, то, как они взаимодействуют друг с другом, лишь тогда мы начинаем воспринимать все творение, нам становится понятно, почему, кто и как вышивал для нас эту картину. Увидев же силы, почувствовав их, сблизившись с ними, мы можем начинать ими управлять, то есть активно включимся в эту картину. Каббалист, который ощущает Мироздание, является его полноценным элементом.

Вопрос: Каким образом в нашем мире мне может помочь знание сил, которые стоят за его пределами и связывают все элементы, действия, мысли с деятельностью остальных людей и даже с теми силами, которые в нашем мире не ощущаются?

Знание это может помочь человеку существовать самым эффективным образом: глядя на то, что происходит в нашем мире, и, видя те силы, которые им управляют, он станет понимать, для чего это делается. То есть для него картина действительности становится правильной, обусловленной, определенной. Человек понимает, каким образом нужно в нее вписаться, как оптимально адаптировать ее к себе. Он точно знает, в какие действия необходимо включаться как в положительные, и какие действия с обратной стороны картины не обладают собственными силами и не имеют следствий, а только кажутся ему существующими.

Глядя на вышивку со своей стороны – с позиций обычного человека, – я вижу некую картину. Если начать действовать, принимая во внимание только видимую сторону, то практически всегда ошибешься. Мы, по сути, видим в нашем мире только то, что происходит со всеми нами и со всем человечеством глобально. Если же я увижу связи между элементами всей этой картины и с обратной стороны, то пойму, во что мне надо включаться, чтобы действовать в гармонии с управляющими силами. Таким образом, я избавляю себя от плохих последствий – от самых маленьких до самых больших. Такое видение процессов дает нам наука каббала.

Вопрос: Однако становится ли каббалист более счастливым по сравнению с другими?

Становится ли каббалист более здоровым, более счастливым в семейной жизни, более удачливым в бизнесе, более умным и предрасположенным к научным открытиям? На первый взгляд, кажется, ответ очевиден. Ведь если ему известны все силы, формула, по которой существует Мироздание, то, конечно, он знает и во что необходимо «вклиниться», что использовать (это как игра на бирже, когда человек заранее имеет информацию о том, какой индекс поднимется, а какой упадет). На самом деле это не так. И вот почему.

В действительности каждый из нас является частичкой общего «кли» (сосуда), которое по интегралу, или по сумме, определяется совокупностью всех 600 тысяч душ. Поэтому каббалист обязан действовать, исходя из соображений всего организма, представителем которого он является. Ему необходимо учитывать общее состояние человечества. Он не просто обязан, а должен заставить себя действовать подобным образом. Поневоле ввиду своей структуры, поскольку он поднялся на соответствующий уровень, он ощущает весь организм как свой собственный. Для него все души являются частью собственной души, все они пребывают в нем. Именно поэтому он переживает вместе со всеми, болеет общей болью, может быть несчастлив в семейной жизни или недоволен поведением своих детей. Так происходит потому, что он является представителем человечества относительно управляющих сил и должен включать в себя все человечество.

Счастливее ли он по сравнению со всеми остальными? Да. Потому что он осознает эту миссию и понимает, к чему все человечество придет. Свободен ли он от всех забот человечества? Нет. Поэтому каббалисты болеют, страдают, переживают всевозможные личные драмы, трагедии. Только происходит это как бы в ином ключе. Обычный человек не видит в этих переживаниях смысла, их целенаправленности, необходимости для достижения конечного совершенного и вечного состояния.

Каббалист чувствует боль всего человечества. Она лишь отчасти смягчается осознанием важности, необходимости и цели, но он ее ощущает. Поэтому нельзя думать, что каббалист эгоистически приподнялся над нашим миром, улетел в какие-то Высшие миры и там отдыхает от нас. Наоборот, поднимаясь, он испытывает по отношению к остальным людям те же чувства, что и заботливый родитель к любимым детям, помогает, и до момента освобождения всего человечества от зла продолжает совершать здесь исправления и заниматься подготовкой к этому всех душ.

Работа души

Вопрос: Как происходит работа души?

Что делает душа в то время, когда не находится в нашем мире? Вопрос сам по себе связан со временем, которого вне нашего мира нет. В нашем мире все физические процессы ограничены барьером скорости света. Это соответствует теории Эйнштейна, об этом еще в XI веке писал древний каббалист Рамбам. В духовном мире скорости бесконечны, время равно нулю, а массы, в нашем понимании, не существует.

Душа нисходит из своего корня в общей системе и спускается на уровень, называемый «наш мир». Здесь она проживает определенное количество времени, допустим, 70 лет. Что же происходит с ней дальше? Она уходит. Если человек в течение данной жизни достиг своего корня, то есть практически прошел весь путь исправления, то душа возвращается к корню уже не в виде точки, из которой она низошла как отдельная клетка всего организма, а в качестве общего организма, который человек постиг и впитал в себя. Такое состояние называется Конечным Исправлением. То есть человек исправил себя, исправил свою душу.

В том случае, если он этого не сделал, то душа возвращается в виде точки и снова нисходит в наш мир в другой период времени, в другую эпоху и, может быть, снова поднимается. Так каждый из нас в земном существовании проходит десятки кругооборотов жизни, пока не входит в последний. Человек не знает, когда это произойдет. У него возникает вопрос о смысле жизни, пробуждается точка в сердце, и он, начиная ее реализовывать, достигает Полного Исправления, включения своей души в ту же систему единого организма совокупности со всеми остальными душами, называемого Адам, и больше не возвращается в наш мир.

Нисхождение в наш мир необходимо только для того, чтобы подняться обратно в ту точку, из которой спустился, полностью исправленным, в состоянии включения в другие души.

Это относительно обычной души, но есть и особые души. Это души, которые исходят из самого высокого корня в системе Адам. Существует душа, которая нисходит постоянно. Рядом с ней есть души поменьше, но относящиеся к ней, вспомогательные. Она нисходит в наш мир всякий раз, когда происходят большие исторические события.

Вопрос: Как можно соотнести работу души с этапами развития эгоизма?

Наш мир переживает различные периоды эгоистического роста. Из Адама нисходят души и начинают эволюционировать в нашем мире, проходя поочередно нулевой, первый, второй, третий, четвертый и пятый этапы своего развития, то есть формирования телесных желаний. Даже если бы человек жил в джунглях, без большого окружения людей, тело диктовало бы ему всевозможные желания: пища, кров, семья, секс. Затем появляется жажда накопления богатства, стяжания славы, страсть к всевозможным почестям, стремление к постижению знаний и, наконец, к духовному росту.

Эгоизм постоянно растет. Причем рост происходит не по нисходящей линии, увеличиваясь постепенно и плавно, а рывками.

Первое проявление эгоизма в нашем мире мы отмечаем как появление Адама. До него на Земле тоже жили люди, но у них не возникала точка в сердце. Впервые она обнаружилась у Адама. С него, по аналогии с корнем душ, начался этот процесс и в нашем мире.

Следующий раз эта точка в сердце проявилась в Аврааме, затем в Моисее. В четвертый раз это был Рашби, в пятый – АРИ, и в последний раз – Бааль Сулам.

Все эти каббалисты – носители одной и той же души, которая нисходит в наш мир и создает в нем определенную каббалистическую методику, подходящую для своего поколения.

Адам написал книгу «Разиэль Малах» («Тайный Ангел»), по которой обучались 20 поколений до Авраама.

Авраам, представитель следующего эгоистического уровня в человеке, создал свою методику и изложил ее в книге «Сэфер Ецира» («Книга Создания»). Это была та же самая душа, только погруженная в больший эгоизм.

Следующий – Моисей. Он создал свою каббалистическую методику благодаря имеющейся у него книге Адама и базируясь на достижениях Авраама. Степень его эгоизма была уже значительно большей – это эгоизм 2-й ступени, что обуславливалось погружением в Египет и многими другими духовными и земными происшествиями, которые имели место.

Во времена Рашби эгоизм в человечестве возрос настолько, что произошел разгром, разрушение Храма. Рашби создал книгу «Зоар», которая является основной, поскольку написана при сокрушении всех предыдущих ступеней, существовавших до этого, что подобно разрушению духовной структуры Адама, которая разбилась на 600 тысяч отдельных частей и упала в наш мир. До книги «Зоар» не имелось методики исправления эгоизма. Еще нечего было исправлять, потому что души не были настолько эгоистическими, какими они оказались после крушения Второго Храма.

Следующая великая книга была написана АРИ – это «Эц Хаим» («Древо Жизни»). АРИ ознаменовал собой начало периода исправления, когда все человечество вошло в свой последний этап (технологическая революция, периоды Просвещения, Возрождения и так далее).

Во времена, когда все рушится и наступает общий кризис человечества (это наш этап), поднимается еще одна великая душа – Бааль Сулам. Он создает методику распространения каббалы во всем мире, базируясь на предыдущих источниках. Его труд называется «Учение Десяти Сфирот», и создавался он на основе книги «Древо Жизни» и книги «Зоар», к которой им написаны комментарии.

Я не думаю, что в будущем должно появиться еще какое-либо номинальное, основополагающее произведение, направленное на исправление человечества. Мы создаем всевозможные пояснения, разъяснения, комментарии на все существующие источники, для того чтобы еще больше приблизить современного человека к тому, что сделал Бааль Сулам.

На сегодняшний день невозможно представить, что эта методика может измениться. Исходя из структуры общей души, больше не должно появляться таких великих источников, методик исправления, потому что все уже изложено в этих окончательных основополагающих трудах. Нам остается только, согласно существующим на земле проблемам, постепенно адаптировать взгляд современного человека к этим источникам. Такую работу и проводит наша Академия каббалы. Исходя из всего вышесказанного, можно утверждать, что особая душа, которая нисходит в наш мир, одна. Об этом говорится в первом томе книги «Зоар».

В нашем мире появляются одновременно все 600 тысяч душ. Можно представить себе человечество, его размножение, как шеренгу солдат. Сначала их было, допустим, тысяча человек, затем – сто тысяч, в следующий период – миллионы, далее сотни миллионов и на последнем этапе это уже миллиарды человек.

В каждом из поколений все 600 тысяч душ участвуют в нисхождении в наш мир. Они разбиваются на огромное количество тел, для того чтобы проделать более тонкую, более детальную работу над собой, впитать в себя как можно больше ощущений, определений, свойств, испытать тончайшие и многообразные связи между собой. Причем это происходит в душах независимо от нас.

Мы можем жить, работать совершенно автоматически, даже не думая о том, почему и как существуем, а душа между тем проходит различные периоды зрелости и продвигается все дальше и дальше, пока не возникает в ней потребность возвыситься до своего корня. Да такая мощная, что человек действительно начинает вести себя осознанно, спрашивать: «Что же на самом деле представляет собой моя жизнь? Почему, как, зачем я существую?»

У АРИ кроме «Древа Жизни» есть еще очень интересные книги. Одна из них называется «Шаар а-Гильгулим» («Врата Кругооборотов»), где он описывает все возможные кругообороты, которые проходят души в нашем мире: как, в кого они воплощаются, каким образом происходит перетекание душ из тела в тело и так далее.

В каббале это очень трудная и сложная система знаний, которую мы начинаем изучать только по прошествии трех-четырех лет занятий. Для того чтобы научиться понимать структуру общей души, возможности нисхождения частных душ из Высшего мира, находящегося над нашим; для того, чтобы уметь свободно отслеживать все действия, все метаморфозы, происходящие с душами во время перехода из одного мира в другой, человек должен пребывать хотя бы в минимальном ощущении Высшего мира, наравне с пониманием нашего мира.

Вопрос: Когда человечество достигнет совершенного состояния, земля при этом исчезает или нет, а мы продолжаем на ней существовать? Мы перестаем рождаться? Исчезает ли вообще наша Вселенная?

Здесь возникает очень большой и сложный вопрос: а что такое мы, наша Вселенная, наши ощущения своего местонахождения, какой смысл человек вкладывает в эти понятия, какое измерение имеет в виду? Стало быть, следующий вопрос, который мы, очевидно, должны будем решить, состоит в том, как мы воспринимаем себя и мир, в котором находимся.

Здесь мы подходим к очень сложной проблеме – восприятия Мироздания. Когда мы произносим: «Мы находимся в нашем мире» – что это значит? Человек находится внутри себя, словно в неком замкнутом состоянии. У него есть слух, зрение, обоняние, осязание, вкус, всего пять органов чувств. То, что он ощущает внутри себя с их помощью, определенным образом суммируя свои восприятия, оценивая, опираясь на программы, которые в нем заложены, и создает у него картину мира. Ее он называет: «Мой мир».

Зададимся простым вопросом: а действительно ли существует снаружи все то, что мы ощущаем внутри себя, на самом ли деле это именно то, что существует снаружи? Даже из опытов, проводимых над существами, биологически близкими к нам, мы установили, что человек не ощущает подлинную, единственную картину мира. Допустим, пчела или собака воспринимают ее по-другому.

Если бы изменились наши органы чувств, мы бы чувствовали окружающий мир иначе. Например, у меня повреждена барабанная перепонка, и мне кажется, что звука нет. На самом ли деле нет, или просто я его не слышу? Конечно, это только я ощущаю его отсутствие. Вокруг нас существует огромное количество волн, а человек воспринимает колебания всего лишь от 15 до 30 тысяч герц. Другие волны, которые воспроизводят в нем вкус, осязание, обоняние, зрение, тоже воспринимаются соответствующими органами в очень ограниченном диапазоне. Весь их огромный объем человек не способен чувствовать.

Кроме того, нельзя даже сказать, что он что-то ощущает. Внутри уха имеется барабанная перепонка, извне на нее подается некоторое давление, а в ответ на это давление возникает определенная реакция, и человек измеряет свои усилия, затраченные на то, чтобы уравновесить барабанную перепонку.

Под давлением волны барабанная перепонка прогибается, и потому необходимо совершить ответное усилие изнутри, чтобы вернуть ее в первоначальное состояние. Таким образом, измеряя приложенное напряжение и его характер, можно судить о том, что на самом деле воздействует на наш слух. В реальности это может оказаться совершенно не тем, что человек себе представляет, потому что его внутренние усилия имеют одну природу, а то, что воздействует на слух снаружи, совершенно иную.

Наша природа – человеческая, физиологическая, а внешняя может иметь совершенно другие свойства, даже невозможно предположить – какие, поскольку мы никоим образом не можем выйти за пределы своих органов чувств. Поэтому человек никогда абсолютно реально не ощущает тот мир, который существует вокруг него. Он воспринимает только ответные реакции на нечто, воздействующее на него.

Поэтому истинный ученый не говорит о постижении мира, он говорит о возможности изучения наших реакций в ответ на нечто, оказывающее на нас воздействие. Люди вообще не могут сказать, что представляет собой мир, в котором они существуют. То есть они получают некие впечатления, испытывают различные ощущения только благодаря тому, что созданы подобным образом. Если бы изменились человеческие органы чувств, сменились их диапазоны или появились другие, которые нам не известны, то наше впечатление о себе, об окружающих событиях и объектах стало бы совершенно иным.

Можем ли мы вообще каким-либо образом определить, чем на самом деле является мир, в котором мы живем, существует ли что-то помимо нас? Или Мироздание, окружающая Вселенная, мы сами, другие обитатели – это всего лишь иллюзия? На этот вопрос человек не может ответить, исходя из возможностей тех пяти органов чувств, которые у него есть. Для этого необходимо обрести шестой орган восприятия, и тогда мы увидим себя и наблюдаемую нами иллюзию со стороны. Это позволяет нам сделать каббала.

В наше время ученые уже понимают ограниченность подхода к изучению природы. Это особенно ярко прослеживается в квантовой механике, где мы сталкиваемся с особыми, парадоксальными явлениями. Во времена Ньютона считалось, что мир такой, каким мы его воспринимаем. Есть человек – наблюдатель, и то, что он наблюдает, находится перед ним. Человек живет, умирает, а картина мира остается неизменной. Она естественным образом изменяется сама по себе, так как Вселенная развивается, но человек никак не влияет на эту картину. Это взгляд на мир, согласно Ньютону.

Затем появляется другая точка зрения. Существует человек, который наблюдает мир, но это не та картина, которая видится извне. Она является совокупностью свойств человека и того, что он наблюдает. Человечество пришло к этому выводу, изучая самих себя. Мы начали постигать свою физиологию и обнаружили, что в зависимости от наших способностей, возможностей пяти органов чувств или от усовершенствования этих возможностей дополнительными приборами, мы видим другую картину. Значит, мы не просто объективно наблюдаем нечто существующее, а одновременно участвуем в процессе наблюдения. Это уже близко к точке зрения знаменитого ученого Хью Эверетта.

Согласно каббале, картина представляется совершенно иной. Существует человек, который ощущает в себе нечто. Что же? Он чувствует равномерное поле, в котором находится, а все остальное, то есть образы, представления о внешнем и внутреннем мире образуются внутри человека. Внутри него существуют миры, а вне его ничего нет.

Сегодня мы подходим к такому взгляду на мир и с позиций академической науки. С такой точкой зрения начинают соглашаться исследователи, работающие в области квантовой механики, и представители основных естественных наук уже склоняются к подобному мнению. Каббала говорит об этом на протяжении тысяч лет. Она давно указывала на различные ступени постижения мира человеком, на то, как он будет определять мир, в котором существует. Человек будет испытывать ограничения в изучении природы и себя в ней до тех пор, пока он не выйдет на тот уровень постижения, где ему станет ясно: все зависит только от его внутренних свойств.

Когда человек начинает понимать, что на самом деле он ничего не знает об окружающем его мире, а все существует только внутри него, то приходит к выводу, что, трансформировав свои свойства, он мог бы изменить и свое впечатление о мире. То, что сегодня кажется ему твердым, жидким, газообразным, могло бы видоизменить свои параметры и раздвинуть пределы. Он проходил бы сквозь стену, а прозрачный воздух, может быть, перестал бы являться таковым, в зависимости от имеющихся у него свойств.

Каббала ставит человека в положение, из которого вынуждает взглянуть на мир по-другому, выводит его из привычного состояния настолько, что он входит в совершенно новое измерение. Кроме того, она позволяет человеку обрести модель абсолютно иной реальности, и тогда человек начинает все это видеть, чувствовать.

Проблема заключается в том, что находящуюся перед нами картину мира мы можем запечатлевать только в соответствии с имеющейся в нас программой, то есть отпечатывается только та картина, которую мы в состоянии обработать. Маленькие дети многого не видят. Чем взрослее становится человек, тем больше он замечает, чем он более развит, тем более сложные внутренние связи между объектами он различает.

Если бы вдруг передо мной появился объект, модели которого во мне нет, я бы его не заметил. Ведь я могу видеть только то, что уже существует во мне заранее, к чему я приспособлен, и что в состоянии узреть, определить, оценить. Поэтому вокруг нас в нашем мире, в нашем измерении, в том объеме, в котором мы существуем, есть очень многое, чего мы не наблюдаем, не ощущаем. Мы не знаем, что это такое, и проходим мимо, у нас не хватает способностей почувствовать, в нас нет соответствующей этому модели.

Вы представляете, насколько каббала обогащает мир человека? Он начинает видеть те силы, свойства, объекты, связи, которые обычные люди не замечают! Все это изучается в этой системе знаний, поскольку без обретения определенных навыков человек не воспринимает Высший мир. Он не может его раскрыть для себя, а просто остается внутри своего замкнутого маленького мирка.

Однако этот вопрос является предметом изучения людьми более серьезно подготовленными. Примерно на втором-третьем году обучения мы начинаем говорить со студентами на подобные темы, и проходит несколько лет, пока они начинают это воспринимать и ощущать.

Если человек занимается по правильной учебной программе, которую ученые-каббалисты создали еще в I веке нашей эры, то, как они пишут в предисловии к ней, любой человек, грамотно ею пользующийся, в срок от трех до пяти лет выходит на уровень постижения Высшего мира. Ему открывается полная картина Мироздания, и тогда уже не существует вопроса, на который он не смог бы найти в себе ответа.

Вопрос: Как каббала относится к искусству?

В деятельности человека в нашем мире есть очень много прекрасных порывов: жажда красоты, любви, гармонии, стремление к самовыражению, к реализации своих талантов через различные виды искусства – музыку, живопись, литературу. К каким порывам относится желание богатства, славы, знаний, власти? Все это эгоизм, который ищет самовыражения, но на самом деле он доставляет нам удовольствие.

Мы можем восхищаться произведениями других людей, получать от этого удовлетворение, но в принципе, это эгоистическое самовыражение человека, стремление к выплескиванию своих чувств, к известности, славе, и, в некотором роде, жажда власти. То есть стремление к выражению себя перед другими приводит человека к занятиям искусством.

Не надо думать, что это плохо. Каббала ни в коем случае не загоняет человека в какие-либо рамки и не ограничивает его в проявлении своих чувств. Напротив. Существует каббалистическая музыка. Это очень интересная область, где каббалисты, вместо того, чтобы выражать свои духовные постижения определенными словами, передают их с помощью звуков. Поскольку мелодия проникает непосредственно в наши чувства, в сердце, проходит сквозь разум, не затрагивая его, то такое восприятие каббалистической информации дает совершенно особый эффект.

Это подходит даже тем, кто совершенно ничего не понимает, не знает о каббале, не может читать каббалистические тексты в оригинале или просто никогда о ней не слышал. В таком способе восприятия ощущений духовного мира большим каббалистом, в передаче его с помощью музыки любому человеку, заключен огромный духовный потенциал, и может помочь начинающему себя взрастить.

Однако когда человек начинает заниматься духовными поисками, обычно все остальные виды самовыражения в искусстве отходят на задний план. Потому что он понимает, что нашими земными средствами мы практически не в состоянии выразить и передать то ощущение, которое начинает поступать от высшей субстанции.

Если я вижу речку, озеро, звезды, красивый предмет, ощущаю проявление каких-то человеческих эмоций, их экспрессию, я могу передать это своими способами, потому что я выражаю знакомые, известные мне чувства. Если же я ощущаю нечто духовное, то не нахожу для передачи своего впечатления никаких земных средств. Я практически ни во что не могу его облечь.

Единственное, чем каббалисты смогли каким-то образом передать свое восприятие, восхищение раскрывающимся мирозданием, это – музыка.

Изобразить духовные ощущения в виде рисунка невозможно, потому что образов в Высшем мире нет. Сразу происходит материализация, и она убивает духовность. Запрещено даже пытаться это делать. Во-первых, у вас ничего не получится, во-вторых, каббалист тем самым низводит себя на уровень нашего мира. Поэтому непосредственной связи между каббалой и искусством нет, разве что лишь отчасти с музыкой.

Каббалисты пишут сказки, притчи, можно написать каббалистический роман. Это происходит от желания человека в нашем мире передать свой способ постижения Высшего мира. Когда же он доходит до отображения духовных переживаний, то описывать оказывается нечего оттого, что невозможно выразить подобные чувства нашим земным языком. Поэтому это делается иносказательно через притчу, сказку, метафору, и такой прием широко используется в каббале.

Вопрос: Как каббала относится к таким проявлениям человеческого поведения, как любовь, ненависть и так далее?

Она исходит из того, что в человеке постоянно растет эгоизм. Эгоизм, желание насладиться, наполнить себя является нашей природой. Одним из проявлений эгоистического наполнения является любовь. Если мы обратимся с подобным вопросом к физиологам или к психологам, то они нам скажут, что это чувство объясняется нашей внутренней природой, что в нем по существу нет ничего возвышенного, выходящего за рамки нашего мира, это – не более чем поиски определенного эгоистического наполнения.

Настоящая любовь, то есть связь, достигается через понимание общности между душами. Когда человек поднимается и видит, как он включается в это огромное собрание всех душ в общей картине, в едином теле, в одной системе, вот тогда его ощущение относительно них и называется любовью. На уровне нашего мира желание каждого маленького эгоиста с помощью других наполнить себя можно назвать земной любовью. Однако на самом деле это не более чем поиски наслаждения.

Что такое заповедь

Вопрос: Объясните понятие заповеди.

Нам кажется, что некоторые каббалистические тексты говорят о заповедях, то есть о необходимых законах поведения человека в нашем мире. Как на самом деле каббалисты понимают заповеди?

Мы существуем в определенном объеме, эгоистическом кли, сосуде, мирке. Вся природа – неживая, растительная, животная и человеческая – суть эгоистическая. На наш мир воздействуют определенные управляющие силы. Мы их не знаем, а только предполагаем, что наш мир, Вселенная, Мироздание управляемы. Мы в той мере постигаем эти законы, в какой можем постичь. Так же, как, при необходимости, постигли законы Ньютона. Потом мы увидели, что они являются частными законами, более общих законов Эйнштейна. Затем нам захотелось расширить наше познание, и законы Эйнштейна оказались частными других, более общих законов, и так далее.

Даже из усвоения законов в минимальном виде мы видим, что все они строго вынуждающие, логические, взаимосвязанные. Очевидно, есть законы, управляющие всем нашим Мирозданием, те, что так желал открыть Эйнштейн, – общая формула поля, действующего на нас: неживую, растительную, животную и человеческую природу. Если бы мы знали эти законы, нам, находящимся в этом мире, было бы легко.

Представители неживой, растительной и животной природы действуют именно в силу своего естества и никогда не ошибаются. Ни растение, ни животное не совершают ошибок, так как внутри них существует программа творения, и она запускает их без всяких проблем. Новорожденный бычок прекрасно существует в этом мире, он уже знает, что можно кушать, что нельзя, где ему плохо, где хорошо. Один-два дня – и он уже свободно ходит, ориентируется в окружающем пространстве, но и не изменяется в развитии: каким родился, на том уровне он и существует до конца своей жизни.

Единственный, кто совершает промахи, это человек. Он рождается очень маленьким, совершенно беспомощным. В течение двадцати лет его необходимо воспитывать, наполнять всевозможными знаниями, физически развивать и внутренне растить. Однако поскольку ни родители, ни общество не знают всех законов природы, они не могут восполнить ему то, чем природа его не наградила. То есть человек изначально находится в ущербном состоянии. Ему не хватает внутренних программ поведения для того, чтобы не ошибаться.

Эти внутренние программы поведения он должен дополнить сам. Откуда же он их возьмет? Вот об этом и говорит каббала. Надо выйти за рамки нашего мира, изучить силы, существующие вне его, но которые в нем работают, и приспособить их к нам. Таким образом, мы будем действовать правильно, наша жизнь станет счастливой и удачной, удобной и безопасной.

Без того, чтобы узнать и дополнить ту часть природы, которая в нас изначально отсутствует, нам не прожить. Мы не являемся представителями животного или растительного мира и тем более неживой природы, которым нечего дополнять для своего существования. Только человек ошибается и нуждается в дополнении себя. Это, с одной стороны, толкает его к развитию, но проблема в том, что он не знает, в какую сторону его направить, поэтому в течение тысяч лет мы развиваемся, но только набиваем шишки.

Законы природы, которые существуют вокруг нас, очень просты. Собственно говоря, он всего один, и называется законом отдачи, или **абсолютного альтруизма**. Внутри нашей природы, включая человека и все Мироздание, существует шестьсот тринадцать эгоистических желаний, которые мы должны исправить на противоположные – альтруистические. Тогда наше поведение будет уравновешивать воздействие общего закона природы на нас. Таким образом, мы окажемся в комфортном состоянии, в состоянии вечности и совершенства.

Исправление каждого из наших шестисот тринадцати желаний называется выполнением заповедей, то есть обязательств, потому что нас к этому обязывает природа. Закон отдачи воздействует на наш мир в соответствии с мерой развития человечества, он давит на нас все сильнее и сильнее.

С каждым периодом, с каждым поколением, с каждым годом человечество становится все несчастнее, все неуравновешеннее, потому что эгоизм постоянно возрастает, а мы его не исправляем, не уравниваем относительно внешнего закона отдачи. Получается, что с каждым поколением мы становимся все более несчастными.

В итоге: либо ударами судьбы, то есть противостоянием с общим законом отдачи, либо разумением, с помощью науки каббалы, нас принудят к тому, чтобы прийти к осознанию необходимости исправить свои шестьсот тринадцать исконных желания, то есть, выражаясь другим языком, к выполнению шестисот тринадцати заповедей.

Заповедь Любви

По большому счету все заповеди сводятся к одной – это Заповедь Любви, то есть антиэгоистическое направление любой мысли и каждого действия человека. Человечество обязано будет к этому прийти. Об этом говорят все религии – христианская, мусульманская, иудейская, а также восточные и западные учения, методики. Все они содержат практически одну и ту же идею.

Человечество догадывается об этом, оно только не знает, каким образом ее реализовать. Осуществить Заповедь Любви можно, когда тебе раскрывается Высший мир, когда ты видишь, что это непреложный закон и деваться некуда: если ты поступишь против данного закона, эгоистически, ты себя погубишь. Только непосредственное видение последствий зла, причиненного собственным эгоизмом, может привести человека к осознанию необходимости исправления.

Таким образом, каббала предотвращает удары судьбы. Она предлагает: ты только раскрой для себя внешнее Мироздание, посмотри, что находится вокруг тебя, и ты сам убедишься, что должен поступать по-другому. Потому что во вред себе ты просто не сможешь поступить, ты создан в эгоистической природе, и должен сделать так, чтобы твой самый большой эгоизм стал альтруизмом. В итоге через эту трансформацию в себе ты постигнешь вечность, совершенство, получишь бесконечное наполнение.

Мы стоим перед проблемой чисто психологической. Какая нам разница, чем наслаждаться, мы просто хотим испытывать наслаждение. Наслаждение от отдачи – безгранично, потому что наше желание не наполняется и не аннулируется под воздействием наполнения, наслаждения. Если мы пропускаем его через себя, мы остаемся постоянно наполненными, постоянно наслаждающимися. Поэтому вопрос только в психологическом, внутреннем решении человека, и оно придет.

Приподняться над своей природой – задача всего человечества.

Мы находимся на таком этапе развития человечества, когда наука, искусство, культура, наше общественное развитие убедят нас в том, что мы должны отказаться от нашей природы и приподняться над ней. Сделать это безболезненно, легко, свободно, как добровольный, мудрый шаг, поможет нам каббала.

Человек существует в нашем мире как животное, пока не накопит такое количество эгоизма, что он прорвется и заставит его выйти на духовный уровень существования.

В принципе мы затронули все проблемы, которые можно обсуждать с начинающими. Дальше идут серьезные занятия, тоже предназначенные для начинающих, но уже систематизированные и подготовленные нами.

Что касается нашей практической деятельности, то мы постоянно издаем книги (на девяти языках мира), наш сайт по каббале – самый большой, самый информативный в мире, он удостоен приза энциклопедии Британика и открыт абсолютно для всех бесплатно.

Опубликовано большое количество книг, и каждый год по мере усовершенствования каббалистической методики появляются все новые сборники, книги, брошюры. Мы проводим научные конференции и конгрессы.

Мы выпускаем фильмы, диски, видео-, аудио- информацию. Ежедневные трехчасовые занятия в нашем центре транслируются по местному израильскому телевидению. Кроме того, каждый день наши передачи идут по системе Интернет во все страны мира с симультанным переводом обязательно на русский и английский язык, часто на немецкий, итальянский, испанский, турецкий.

Огромное количество людей со всего мира обращаются к нам, они приобретают книги, кассеты. Эта наука начинает проникать в самые отдаленные уголки земли. Только за последний месяц мы подписали контракты с американскими издательствами и даже с тайваньским о переводе книг на китайский язык, так что наши труды будут распространяться и в Китае.

Потребность в каббале возникает и ощущается сегодня настолько далеко и широко, что уже мы с вами будем, я думаю, свидетелями того, как люди, вглядевшись сквозь наш мир в высшие его слои, сделаются лучше.

III. Форум

Кругооборот душ

Вопрос: Что такое кругооборот душ?

Это когда в наше биологическое тело помещается духовный потенциал определенного личного векторного направления, более высший или более низший по своей величине. В соответствии с величиной и знаком этого потенциала душа и стремится к своему источнику, называемому «Творец».

Вопрос: Почему человек желает жить вечно, а не какой-то определенный срок? Почему человек боится смерти?

Человек боится смерти от неопределенности. Он страшится небытия. Почему он желает быть вечным? Потому что на самом деле точка в сердце, которая есть в нас, – вечная, и она говорит нам о вечности. Если бы в нас не было этой точки в сердце, как нет ее у животных, мы бы никогда не задумывались о бессмертии и не понимали бы, что это вообще такое.

Мы бы не воспринимали свою жизнь в категориях – «начинается, протекает, заканчивается». Мы бы относились к ней, как животные: они рождаются, умирают, но не ощущают, не оценивают это с точки зрения вечности. В нас бы это не вызывало никаких эмоций. У животных есть привыкание, есть тоска, но нет оценки с позиций бессмертия, а у человека она есть только благодаря точке в сердце.

Вопрос: Для управления своими будущими состояниями каждому необходимо изучить механизм «переодеваний» души?

Чередование поколений в мире – это лишь появление и исчезновение тел, в то время как душа, наполнитель плоти, главное «Я» человека, не исчезает, а лишь меняет тело-носитель. Поэтому относительно душ все поколения от первого до последнего считаются как одно поколение, жизнь которого длится несколько тысяч лет от рождения человечества и до его исправления, достижения полного совершенства и покоя.

Не важно, сколько «переодеваний» в тела проходит каждая душа, ведь смерть организма не отражается на ней, как на материи высшего уровня, подобно стрижке волос, обрезанию ногтей. «Растительное» в человеке – не отражается на жизни «животного» – тела. Изучив механизм «переодевания» души в тела, человек освобождается от власти смерти над своими жизнями.

Каббала объясняет переселение душ как постоянное облачение душ, освободившихся от плоти, то есть душ предыдущего поколения, в новые тела. Таким образом, появляется следующее поколение на Земле. То есть каждое новое поколение – это те же души с новорожденными телами. Тела рождаются, живут и умирают, после смерти переходят из живого в неживое состояние – и все! Более с телами ничего не происходит.

Никогда ничто от прошлого белкового тела не становится вновь живым человеческим организмом или его частью. Под телом в каббале подразумевается тело души, то есть желание наполниться Высшим светом. Об этом свете нам рассказывают люди, перенесшие клиническую смерть. Тело их совершенно не принимает участия в ощущении Высшего мира. Наоборот, отрыв от него, вернее, от его желаний способствует ощущению Высшего мира.

Поэтому слова Торы о том, что душа выходит из тела, надо понимать как выход света из тела души. Как говорится, «душа вернулась к тому самому телу», – свет вновь заполняет душу после того, как ее эгоистическое желание умерло, исправилось на альтруистическое, и свет возвращается в тело, которое прошло воскрешение из мертвых, из мертвого, эгоистического, антидуховного состояния.

Каббала учит, что переселение касается только душ, но не наших физиологических тел. То, что мы с почтением относимся к умершему телу, – означает, что в нашем мире мы должны относиться ко всему по аналогии с Высшим миром. Мой Учитель говорил, что ему совершенно не важно, где и как закопают мешок с его костями...

Придет время прозрения человечества, когда оно обнаружит вокруг себя не только ту сферу, которую видит сегодня, а более широкую, называемую каббалистами «Высший мир». Такое состояние называется «Явление Мессии». Тогда все исправят свои эгоистические желания, то есть свои тела, на природу внешней сферы, альтруизм – этот процесс называется в каббале «Воскрешение мертвых тел».

Как человек может прийти к Творцу? Человек на протяжении своих жизней на этой Земле (гильгулим) собирает в своей душе опыт и развивается до уровня, когда уже может начать сознательно духовно формироваться, а не так, как его вели до сих пор, в прошлых перевоплощениях – неосознанно. Когда человек достигает такого уровня, в нем начинает ощущаться особое желание.

Все желания человека – насладиться от этого мира, а это новое желание требует насладиться светом, высшим наслаждением, которого в нашем мире нет. Это желание и толкает человека искать Источник наслаждения, то есть искать и найти Творца. Душа ведет человека к Творцу.

Вопрос: Но что же в этом новом цикле будет от меня? Что остается от прошлого состояния, от эмоций, мыслей, от моей неповторимой личности? Ведь мы говорили, что любая личность неповторима.

Происходящее с нами, с нашими телами, подобно тому, что происходит с зерном, посеянным в землю: плоть разлагается, мы получаем новое тело, а душа – этот духовный потенциал, остается как ген, информационная основа. Она переходит от одного состояния, старого тела, в другое, в новое тело, через материальный разрыв, называемый нами «смерть».

Пока предыдущий материал окончательно не разложится, следующий цикл не возникнет. Только тогда прошлые решимот (ед. число «решимо»)начинают свой новый цикл развития. Поэтому во многих традициях тело немедленно предают земле. Некоторые народы помещают в могилу известь, вызывая тем самым его более быстрое разложение – якобы дать возможность быстрее появиться новой жизни, новой стадии исправления.

Переход от жизни к жизни происходит через полное разложение зерна: от прошлого должна остаться «суть» – чистая энергия, не облаченная ни в какую внешнюю форму «духовный ген». Это и есть решимо, а между ступенями – разрыв, бездна. Потому человек не видит переходов. Каббалист же в течение своего земного существования неоднократно переходит от жизни к жизни, управляя переходами, оставляя решимо. Для новой жизни ему нет необходимости избавляться от земного тела, потому что он отождествляет себя с душой.

Вопрос: А можно ли проделать переход жизнь-смерть-жизнь, не умирая физически?

Для того чтобы этот скачок произошел, человеку необходимо умереть, и его душа должна пройти через материальный разрыв, приобретя для следующей ступени развития новое тело-носитель, или «оторваться» от тела, как это делает каббалист. Потому он «проживает» множество жизней в течение одной земной фазы существования и может за один раз проделать свой путь от начала до цели творения – возвращения в исходную точку души.

Только поднявшись с уровня нашего мира на более высокую ступень, в духовный мир, мы можем наблюдать наши собственные метаморфозы: подобно тому, как человек в состоянии клинической смерти наблюдает со стороны за врачами, сражающимися за его бренное тело.

С высшего уровня можно видеть, что происходит с нами, исследовать и управлять своими жизнями и их качеством. Это-то и позволяет осуществить каббала.

Так вот, силы, которые переходят из прошлой жизни, из прошлого тела или зерна, в следующую, называются «маца», информационная духовная основа, суть. Если это было зерно пшеницы, оно останется зерном пшеницы. Если это была определенная душа, она останется той же душой, только облачится в другое тело.

Вопрос: От чего зависит – в какое тело она облачится, и можем ли мы влиять на выбор этого нового тела?

Душа облачится в тело, соответствующее ей для реализации программы, которая в этой душе находится. Свойства души, исправления, ей предназначенные, определяют свойства животного тела, которые она создает вокруг себя, в которое облачается.

Своими духовными достижениями в этом кругообороте мы определяем, в каком теле и в каких обстоятельствах окажемся в нашей следующей жизни. Это зависит от решимо, которое после смерти нынешнего нашего тела создаст вокруг себя новую плоть. В решимо содержится информация, какие этапы исправления души еще не пройдены и должны реализоваться.

Вопрос: Если человек закончил всю свою земную миссию, появится ли он снова в этом мире?

Да, появится, и самое наилучшее, если человек полностью исправил себя и нисходит в этот мир только для помощи другим.

От того, какое решимо создает тело человека, зависят все различия качеств, характеров, способностей, склонностей, с которыми рождаются люди. Это все определяется внутренним свойством души, потребностью реализовать то, что она должна в этом мире совершить. Поэтому, кстати, недопустимо никакое насилие в процессе воспитания.

Итак, мы выяснили, что первый фактор (основа, суть, наш духовный ген) мы получаем непосредственно от Творца, и понятно, что влиять на него никак не можем.

Для человека этот первый фактор включает в себя и происхождение, и ментальность предков, и приобретенные ими знания, которые проявляются в потомках как бессознательные привычки, свойства личности, физические и душевные качества. В человеке могут быть заложены склонности к вере или к критическому мышлению, к материальным благам или к духовности, к скупости, стыдливости и т.д. Эти свойства подобны зерну, потерявшему форму в земле, и передаются нам вне материального носителя, автоматически наследуются нами, поэтому часть из них и проявляется в нас в обратном, противоположном выражении.

Второй фактор – это законы, по которым развивается наша суть. Эти законы неизменны, заранее заданы Творцом, потому что вытекают из природы сути и той, ее заранее заданной формы, к которой она обязана прийти как к цели творения. Каждое зерно, растение, животное, человек имеет программу (законы) своего развития – это второй фактор. Поэтому и на него мы влиять никак не можем.

Существуют еще два «внешних» относительно души фактора (третий и четвертый) нашего развития. Это внешние условия, которые изменяют меня с моего согласия или своим давлением, наперекор мне.

То есть третий фактор может частично изменять путь развития объекта: оно может произойти хорошим или плохим образом.

Опять же модель развития зерна, доступная для нашего наблюдения, хорошо иллюстрирует это утверждение. Если мы засадим два участка одним сортом зерна, но будем по-разному воздействовать на них: один закроем от солнца, не дадим достаточно воды, не прополем сорняки, а другому создадим благоприятные условия, то обнаружим, насколько внешние факторы влияют на развитие. Вырастет в конечном итоге то же самое зерно, но с какими проблемами роста, и каким оно будет по качеству!

Итак, мы подошли к четвертому фактору – изменениям внешних условий. То есть мы видим, что, меняя внешние условия, мы можем влиять на свою судьбу. Мы не можем влиять на себя непосредственно, но, изменяя условия вокруг себя, мы можем определить свое будущее, свои мысли, желания, устремления, одним словом, качества.

У человека могут быть очень «неблагоприятные» первый и второй факторы – то, что мы называем наследственностью (слабость физическая, ментальная, психологическая, духовная), но если он находит для себя, как зерно, правильный участок для развития, то, «подставляя» себя под благотворное влияние среды, может достичь невероятного результата.

Итак, каббала учит, что под влиянием правильной среды я могу создать в себе желание к духовности, к достижению цели творения. Естественным путем это желание может появиться во мне в итоге вековых страданий. Под воздействием же общества я могу значительно ускорить свое созревание. Выбор общества – и есть единственный свободный выбор, оставленный человеку Творцом.

Нам необходимо создать для себя такую среду, которая бы направляла нас к совершенству, к постижению духовных миров, потому что, достигнув их, я стану управлять своей судьбой и избавлюсь от всех страданий.

Вопрос: Вы согласны с идеей реинкарнации и бесконечного кругооборота душ. Однако сохраняется ли в этой энергетической консистенции ощущение личности человека, когда его душа уходит из этого мира в иной, более высокий, тонкий мир?

Конечно. Именно в ней она и находится. Ведь что такое наше тело? Оно является лишь производным души.

Все параметры, которые есть в душе, при нисхождении определяют тело: каким образом родиться, где, с какими качествами, в каком обществе, состоянии, какое образование получить, как и кем вырасти. Это все определяется именно душой. Знай мы душу человека, нам было бы понятно, почему он такой, а не иной. Мы бы в том числе знали каким образом помочь ему исправиться, дать правильное воспитание, и так далее. Проблема воспитания, взросления – самая главная у человечества.

Вопрос: Можем ли мы после смерти получить экран?

После смерти человек не получает никакого экрана. Если, находясь в ощущениях пяти органов чувств, он приобрел шестое чувство – замечательно, если нет – то уже не приобретет. Он возвращается в состояние, в котором был прежде, то есть в точку, не ощущающую ничего, подобно семени. Если человек во время жизни в этом мире не постиг будущий мир, после смерти он также его не постигает.

Как приподняться над эгоизмом

Вопрос: Надо ли идти против Творца, чтобы понять, что это невозможно, прежде чем согласиться с Высшим?

Я бы не советовал это делать. Это ведь бесполезно, все равно, что показывать фигу в кармане. Ну, и чего вы добьетесь? Набьете шишки? Это путь страданий, а не путь каббалы.

Путь каббалы – это получение инструкции, как правильно идти, и продвигаться согласно ей. Прикиньте, сколько уйдет времени на все это. Поэтому не надо ничего выдумывать самому.

Вы просто посмотрите, исходя из какого расчета думает и поступает человек? С позиций своего маленького эгоизма. Что умного он может нам подсказать? Попробуйте приподняться чуть-чуть – даже не постигая Высшего мира, – вы уже начинаете чувствовать, что происходит со всеми верованиями, философией, попытками найти себя, определить свое место в этом мире.

Поэтому надо брать методику каббалы и идти вперед, или, скажем, ловить рыбу, то есть спокойно заниматься чем-то совсем обыденным: пить пиво, обеспечивать семью, смотреть телевизор.

Вопрос: У меня есть огромное количество желаний. Каким образом я их сортирую?

Всегда большое желание будет превалировать над меньшим, а последнее – над еще меньшим. То есть мы всегда выбираем так: «Это я хочу, но не могу. Может, это. Ну, пусть это. Что, и это не могу? Тогда это». Человек постоянно внутри себя автоматически строит систему предпочтений и выбирает с учетом своего физического, материального вложения и ожидаемого результата. Это все быстро оценивается, и мы действуем на основе подобных расчетов.

Мы всегда стремимся к наибольшему удовлетворению наибольшего желания.

Однако здесь говорится о том, чтобы осознанно изменить систему приоритетов. То есть если у меня есть огромное желание богатства, жажда славы и маленькое желание духовности, то теперь только от меня, от моих занятий зависит, чтобы оно во мне возросло. Тогда – если оно станет больше всех остальных – я начну поступать во имя его.

Поэтому нельзя подавлять никакие желания, даже негативные. Надо только желание духовности возвысить над остальными. В этом и заключается – прошу обратить внимание – наша каббалистическая методика.

В отличие от всех других методик: религиозных, воспитательных, этических, где говорится: «Ты должен подавлять, убивать свои желания, жить в монастыре или себя истязать», каббала утверждает: «Ни в коем случае! Все мои желания – пищи, семьи, секса, любых других радостей жизни – хорошие, я с ними родился».

Есть у меня маленькое желание к духовности – мне надо его усилить, но не за счет отказа от остальных земных желаний. Ни в коем случае нельзя их преуменьшать – это насилие. В духовном мире оно неприемлемо.

Это будет означать, что желание к Творцу я сделал выше всех остальных земных желаний за счет того, что вообще убил их в себе. То есть желание к Творцу как было, так и осталось маленьким – просто остальные я подавил. С таким маленьким желанием к Творцу, хотя оно у меня и единственное, я ничего не добьюсь.

Мои желания: самые неприятные, самые ненавистные, самые алчные, самые похотливые – не важно какие – все они имеют право на существование, просто свое устремление к Творцу я должен вознести над ними.

Тогда Творец для меня будет выше этого мира, и одновременно с этим моим устремлением к Творцу эти мирские желания во мне будут тоже расти. Сказано: с момента разрушения Храма настоящий вкус к плотской жизни остался только у каббалистов.

К чему это я говорю? Желания возрастают – и пускай, не важно. Нам нельзя их убивать. Нам надо устремление к Творцу взращивать над ними, чтобы оно определяло все в нашей жизни, а остальные желания будут расти в нас и проявляться, как правильные помехи. Мы в итоге будем видеть, что, вызывая в нас то или иное желание, стремление, Творец таким образом нас направляет, как коня вожжами, и ведет вперед.

Все, что в нас есть, мы получаем сверху. К этому никоим образом не надо относиться отрицательно. Мы только должны из всевозможных желаний, данных свыше, выбрать устремление к Творцу, думать только о нем, пытаться его развить, и тогда наше кли, наша внутренняя суть будет гармонично развиваться вместе с остальными мирскими, житейскими – не важно какими – желаниями, намерениями, устремлениями.

Таким образом, с помощью книг и правильного окружения мы можем это маленькое желание к духовности взрастить и сделать его предпочтительным, превалирующим над всеми остальными, ни в коем случае не подавляя их.

Вопрос: Может ли человек, который не реализовал свои желания в этой жизни, сделать это в следующем кругообороте?

Безусловно. То, чего человек не достиг в этой жизни, переносится, естественно, в следующий кругооборот. Как и во всей нашей предыдущей жизни – мы все время переносим информацию, все достигнутое из одного кругооборота в другой, из одной жизни в другую. Поэтому мы рождаемся каждый раз новыми, более умными, более понимающими, более способными к духовному поиску.

Если в этой жизни, несмотря на то, что мы уже устремились к Творцу, готовы прийти к Нему и для этого есть все условия, не достигнем Его, то сможем сделать это в следующей жизни.

Тот, кто уже увидел методику исправления, имеет стопроцентную возможность достичь Цели в этой жизни. Независимо от возраста.

Вопрос: Можем ли мы сжать время, сократить свой путь к цели творения?

Единственное, что мы в состоянии сделать – это, вмешавшись в процесс, запущенный свыше на все 7 тысячелетий, ускорить его. Те, кто может подойти к этому процессу индивидуально, раньше достигают выхода в Высший мир, ощущения высшей, совершенной реальности. Да, и сам путь исправления, если они проходят его сознательно, своими усилиями, ощущается как созидание, романтическое устремление, а не перманентное получение ударов судьбы.

Вопрос: То есть Вы хотите сказать, что Творец поставил такую цель, которая предусматривает страдания Его творений? Как можно оправдать такой путь и такую цель?

Только увидев ее целиком. До тех пор, пока вы не видите, не можете, разумеется, и оправдать ее, ничего не можете изменить, и опять будете плакать и жаловаться на судьбу. Изменить что-то вы можете, только изучив Его пути, тогда вы оправдаете и Творца и Его цель, а до этого, несмотря на любые красивые фразы, вы Его будете проклинать.

Каждый мыслящий человек, узнав, что сегодня у него есть возможность проследить не только пути планет, комет, атомов или человеческих генов, но и пути, законы и цель Творца, должен хотя бы проявить интерес к этой важнейшей области знания.

Я понимаю, что люди ленивы и нелюбопытны, но сегодня от этой лени проистекает множество трагедий. Ведь до тех пор пока Цель не достигнута, мы, находящиеся в этом мире, должны воевать и на духовном и на земном уровнях. Одно не должно противоречить другому.

Мы изучаем гораздо менее необходимые науки, от которых не зависит наша жизнь и смерть, наше вечное состояние после смерти. Так почему же мы позволяем себе пренебрегать столь важным знанием?

Вопрос: И все же – мое стремление должно использовать мой разум или войти в контакт с разумом «высшего» каббалиста?

Никакого «высшего» каббалиста вам не надо, поверьте мне. Вы практически нуждаетесь только друг в друге. Во мне вы нуждаетесь для того, чтобы услышать об этом.

Так в мире и устроено обучение.

Если это какие-то учения, верования или техники – то нужны гуру или кто-то еще.

Если же это естественная методика внутреннего контакта человека с Творцом, то здесь не надо никаких «великих» людей. Вам нужна инструкция – правильно? Надо, чтобы вам объяснили, как взрослые объясняют детям. Ребенку показывают маленький пример – и не больше, а дальше он делает сам.

Когда взрослый ему нужен, он прибегает к этому взрослому, когда нет – уходит от него, пока постепенно вообще не отходит в сторону. Взрослый – это инструктор, учитель, если он на самом деле духовный, то начнет от вас отдаляться, он не станет вам мешать, а будет позволять развиваться самостоятельно. Нет насилия в духовном.

Так что перестаньте боготворить, кого бы то ни было. Вообще нет великих – все равны. Есть человек, который знает методику, но не более того, а все остальное зависит от вас.

Все остальное человечество уже перепробовало в течение тысяч лет. Ну и что оно имеет на сегодняшний день? Где эти чудеса или где верования в «великих», или в Бога, который сейчас к тебе придет «в голубом вертолете»? Нет всего этого. Перестаньте надеяться на чудеса или на что-то сверхъестественное. Единственное, что есть – четкая физика мира, когда человек меняет себя, привлекает на себя Высший свет и возвышается. Все. Абсолютно четкие физические законы.

Творец и творение

Вопрос: Что представляют собой шесть дней творения?

Шесть дней творения – это развитие, происходящее внутри Высшей силы, из которой по шести своим уровням развивался Зеир Анпин мира Ацилут, а затем на седьмой день, называемый Субботой, из него образовалась Малхут. Малхут, развившаяся из ЗА, называется Субботой (Шаббат) – особым днем, поскольку внутрь нее входят все свойства ЗА, и она должна вырасти до его уровня. Это означает, что последний день должен быть равным всем этим шести дням и достичь их суммарного уровня.

Эти шесть дней приходят сверху вниз. В сущности, это Бина, природа Творца (Элоким), которая делит себя в процессе развития на шесть уровней, и в конечном итоге строит седьмой уровень – творение, Малхут, Субботу. Если это творение соблюдает законы природы, что называется соблюдением Субботы, оно тем самым включает в себя всю природу ЗА и тогда поднимается из Малхут на уровень Бины, то есть к своему корню.

Вопрос: Что такое дни творения во внутренней работе человека?

Впоследствии эти шесть дней делятся на 6000 (2000 + 2000 + 2000) ступеней трех миров Асия, Ецира и Брия, восходящих к уровню Малхут мира Ацилут. Человек начинает подниматься по всем ступеням этих шести дней, и когда достигает Малхут мира Ацилут, начинает включать в себя все эти шесть дней для того, чтобы подняться в Бину.

Шесть дней, спускаясь сверху вниз, представляют собой уровни, на которые духовная природа делится относительно человека для того, чтобы достичь его уровня. Когда человек со своей стороны начинает подниматься из Малхут в Бину, тогда природа человека, постепенно принимая на себя исправления, достигает уровня Бины, называемого Райским садом, или Субботой, днем отдыха.

Вопрос: Как можно властвовать над мыслью?

Непосредственно над мыслью мы властвовать не можем, как и над желаниями. Мы можем властвовать только над тем, что определяет наши мысли и желания, то есть над тем, что на нас влияет и определяет нас – это окружающая среда.

Мы знаем, что все зависит от того, в каком обществе находится человек, от того, какие мысли, какие желания в нем возбуждаются от окружения. Поэтому, определяя среду, связываясь с ней, участвуя вместе с ней в как можно большем количестве процессов, мы тем самым предохраняем себя от того, чтобы наши мысли «гуляли» в ненужных, в неэффективных для продвижения желаниях.

Однако если у меня уже есть какие-то нехорошие мысли, а мысль всегда связана с желанием, то есть является как бы программой его использования, то, если я не могу избавиться от этого желания, мне лучше удовлетворить его и занять мысли чем-то другим. Поэтому и расчет с человеком происходит по его мыслям, его продвижение зависит от них.

Есть массы, которые оценивают себя только по своему физическому действию, а есть единицы, которые оцениваются только по их мыслям. Потом, уже за мыслями устремляется все остальное. Это зависит от того, насколько человек исправляется, но происходит постепенно. Исправление – только в мыслях.

Вера, неверие и духовность

Вопрос: Есть разные степени веры, или есть вера и неверие?

Есть разные степени веры. Верой называется свойство отдачи, свойство Бины. Вера соответствует уровням эгоизма. Вера, которая выше эгоизма, называется просто верой. Вера, использующая эгоизм для своего усиления, называется «полная вера».

Вопрос: Можно ли сказать, что вера – это способ настройки кли для того, чтоб выделить из постоянного света те его составляющие, которые производят действия исправления?

Да. Вера – это настройка себя на Высший свет, совершено точно сказано. Из этого Высшего света я выделяю особое исправляющее меня воздействие, которое называется свет, Ор Макиф. Именно так. То есть вера – это кли, которое определенным, исправляющим образом вызывает влияние на вас Высшего света.

Вопрос: Что такое духовное?

Духовное – это сила в идеальном виде. Это самое правильное, наиболее близкое к истине определение – просто сила. Ни ее результаты, ни ее воздействия (потому что тогда мы уже говорим о материи, на которую она действует), а сила сама по себе – это духовность. Все, что мы можем сказать о ней, – это просто силы сами по себе.

Вопрос: Есть ли связь между духовным миром и материальным?

Они не имеют контакта, потому что это два кардинально противоположных друг другу свойства: одно – ради себя, другое – ради Творца. То есть они противоположны по вектору и никак не могут быть связаны, между ними существует Цимцум, полное отсечение одного от другого.

Вопрос: А что говорит философия о такой связи?

Согласно предположению философов, духовное облачается в материальное, строит на себя материальное одеяние, значит, между ними существует контакт, то есть плавный переход из одного в другое, одно управляется с помощью другого. А именно: духовное изнутри управляет материальным.

Вопрос: Может ли духовное управлять материальным?

На самом деле духовное изнутри материальным не управляет! В материальной субстанции духовности нет. Это главное ошибочное предположение большинства философов.

Реальность истинная и мнимая

Вопрос: Что такое истинная, подлинная реальность?

Истинная реальность – это та реальность, которую мы ощутим, увидим, воспримем, осознаем, если изменимся в соответствии со светом, находящимся вне нас.

Вопрос: По отношению к чему?

По отношению к свойствам света.

Вопрос: Значит, нам необходимо осознать, что такое свет, чтобы ощутить настоящую реальность?

Реальность проявляется перед нами в соответствии с подобием свойств, то есть при сопоставлении наших свойств со свойствами света. Если говорить об академической науке, любое явление становится понятным нам только после уподобления наших свойств этому явлению. Можно привести простой пример с волнами. Допустим, существуют какие-то волны вне моего уха, и я воспринимаю их только при условии, что у меня внутри есть система, способная воспроизводить аналогичные длины волн.

К примеру, если в радиоприемнике существует колебательный контур, воспринимающий волну, которая по частоте совпадает с наружной, то происходит резонанс. Приемник как бы захватывает волну извне и проводит ее на усилитель, допустим, на микрофон.

Вопрос: То есть я должен обладать неким условием, чтобы уловить волну?

Если я хочу воспринять какую-то определенную действительность, я должен знать изначально, какими внутренними свойствами мне необходимо обладать.

Вопрос: Это должно быть мое ощущение?

Да.

Вопрос: Мое природное ощущение?

Мы рождаемся с пятью органами чувств, у каждого из которых есть определенная область восприятия, благодаря чему наш мозг имеет возможность реагировать на то, что происходит во вне. Мы воспринимаем не все волны, существующие вокруг нас, а только определенный их диапазон.

Мы созданы таким образом, что ощущаем окружающий мир в пределах пяти областей восприятия. Если бы у нас были дополнительные органы чувств, дающие иные возможности, картина мира выглядела бы совсем по-другому.

Нас окружает Высший свет – волны с неограниченным диапазоном. Мы улавливаем из него только незначительную часть, и это маленькое впечатление в пределах определенных частот в конечном итоге создает для нас картину мира. Так мы ощущаем себя и окружающую реальность.

Вопрос: Сколько бы человек не менялся, законы природы постоянны и не зависят от его мировоззрения. Природа может нас уничтожить, искалечить или доставить наслаждение. Человек всегда будет страдать от жестоких проявлений стихии…

Думаю, я привел доступный для понимания пример. Исследуя предмет с помощью одного прибора, я воспринимаю волну, с помощью другого – вижу материю. Кто-то утверждает, что реальность не меняется. Реальность меняется, и она зависит от *меня*, от моих свойств. Если я изменю свои свойства, изменится и реальность. Воспринимаемая нами реальность не существует вне нас. Все видимое, слышимое, осязаемое нами – только наши ощущения. Невозможно утверждать, что такая же реальность существует извне. Ни один человек еще «не вышел наружу» и не ощутил ее иным способом.

Когда пробуждается точка в сердце

Вопрос: Какого уровня может достичь человек при помощи шестого органа чувств после того, как перешел махсом?

Развивая шестой орган чувств, человек достигает тождественности свету по свойствам. Это духовная энергия, пребывающая в абсолютном покое. Если человек приобретает ее качества, то в соответствии с этим ощущает вечность и совершенство.

Вопрос: Существует ли нечто помимо этого?

Помимо этого ничего не может быть. Над этим есть постижение высшей реальности, цели творения.

Вопрос: Человек способен достичь цели творения?

Человек обязан достичь этого! На протяжении всей истории мы развиваем желание получать: от самого низшего уровня – плотских желаний – до стремления к духовности, проходя поочередно уровни жажды богатства, почестей и знаний. Во втором тысячелетии мы достигли состояния, приближающегося к духовному, когда большая часть человечества уже миновала четыре предыдущих этапа.

Поэтому человек, который не находит удовлетворения в деньгах, славе и знаниях, стремится к чему-то новому, иному. Однако он не знает, к чему, потому что не ощущает присутствия духовности, света в нашем мире, не осознает, что значит совпадать со светом *по свойствам*. Общество не способно обеспечить человека этими ощущениями, и тогда он либо начинает принимать наркотики, либо приходит учить каббалу.

Вопрос: Не лучше было бы, чтобы мы родились в совершенном состоянии?

Если бы мы сразу родились в таком состоянии, то не ощущали бы этого. Только в качестве материала, противоположного свету, мы можем почувствовать разницу между нами и светом. Только в точке соприкосновения двух полюсов – не в свете и не во тьме, – только при наличии контраста у нас появляется то или иное ощущение.

Вопрос: Как узнать, проснулась ли во мне точка в сердце?

Если ты не получаешь в нашем мире абсолютно никакого ответа на свои вопросы, чувствуешь, что область твоих поисков не находится здесь, возможно, тебе стоит прочитать какую-то из каббалистических книг, немного поинтересоваться этой наукой, но без особых обязательств. Если это увлечет тебя – замечательно, продолжай, если нет – не нужно себя принуждать. Все – соответственно желанию.

Вопрос: Человек приобретает экран. Это влияет на то, что он ощущает, видит, слышит?

Если человек начинает развивать это чувство, то оно определяет всю его жизнь, которая теперь направлена на развитие. Все остальные пять органов чувств человеку уже не важны. Он ощущает, что все животные, человеческие, телесные грани уходят, исчезают. В этом шестом чувстве, которое он начинает лелеять, развивать, ощущается вечность, не имеющая отношения к пяти телесным, человеческим органам восприятия. Это чувство является вечным.

Вопрос: Существует ли интуиция с точки зрения каббалы?

Каббала – это наука о поведении эгоистического желания получать наслаждения, о материале, о природе творения. Когда мы о чем-то говорим, что-то исследуем, то исходим из точного знания, которое постигнуто каббалистами. Отсюда нам известно, что существует простой закон зависимости между светом и кли.

Есть такие состояния, когда свет облачается в кли частично, и тогда мы называем это Окружающим светом, внешним, внешним кли, свечением издалека, решимо. Если понимать эти названия буквально, то на самом деле не существует таких состояний, которые бы описывались такими словами, как светит «издалека» или «вблизи», «внешний» или «внутренний», решимо, свечение, вторичный, производный. Однако когда свет не заполняет кли полностью, это дает то, что мы называем частичными формами наполнения келим.

По той же причине в нашем мире существует точное знание, и вместе с тем есть предчувствие, интуиция и так далее. Это значит, мы не знаем, какое точно наполнение есть в каком-то желании, или есть что-то, но не в достаточно ясной и понятной форме. Поскольку для того, чтобы что-то было понятно, желание получать должно участвовать в этом наполнении всеми своими четырьмя уровнями.

Если же оно не участвует всеми своими четырьмя уровнями, у него появляется такое ощущение, будто что-то есть, но точно не известно, что это такое. Отсутствует понимание, постижение, существует постижение частичное, неясное. Это называется интуицией.

То есть все явления, которые мы ощущаем как не окончательно оформленные, непонятные, недостоверные – все это проекция происходящего в духовном мире. Даже сам вопрос: «Существует ли все это наверху?» – является неправомерным. Ведь в этом мире не может быть ничего такого, чего бы не было наверху. Наоборот, изначально наверху существуют какие-то явления, а затем они происходят в нашем мире. Поэтому все эти неизвестные явления, о которых у нас есть какие-то приблизительные, недостоверные представления, обусловлены состоянием наших келим, которые еще не окончательно закончены, вследствие чего они не получают наполнение, и потому кли так воспринимает какое-то явление.

Вопрос: Можно ли сказать, что интуиция связана с опытом предыдущих перевоплощений одного и того же индивидуума?

Все, пройденное человеком в предыдущих кругооборотах, входит в следующий кругооборот и служит подготовкой к последующему продвижению. Нет возврата к предыдущим воплощениям. «Поднимают в святости и не опускают». Связь между кругооборотами существует в гораздо более простой форме, чем человек представляет себе, начиная фантазировать на тему своих предыдущих жизней. Во всем этом нет никакой необходимости, поскольку все пройденное нами мы уже прошли, и сейчас это служит нам основой для следующих ступеней. Нет никакой необходимости возврата к предыдущим состояниям.

Верно, что мы используем предыдущий опыт, но только в качестве опыта. Это не значит, что мы возвращаемся к пройденным нами когда-то состояниям. Опыт предыдущих кругооборотов состоит в том, что от пройденных мной состояний остались решимот, и теперь на основе этих решимот возникают новые состояния.

Необходимо относиться к этому гораздо более реально, поскольку вся возникающая по этому поводу путаница вызвана отсутствием осведомленности, знания. В действительности наша связь с предыдущими кругооборотами имеет гораздо более простые формы. Существует проблема выразить их, но необходимо отмежеваться от всех этих дремучих представлений.

Свет и душа

Вопрос: Что такое свет и можно ли его постичь?

Свет – это понятие духовное, он неуловим, и постичь его мы не можем. Свет – это все, что есть в реальности, кроме кли. Существуют Творец и творение. Творец – это свет («ор»), а творение – это сосуд («кли»), недостаток наполнения, желание наполниться, насладиться. Таким образом, в Мироздании присутствуют только две составляющие: свет и кли. Мы не чувствуем свет, находящийся вне кли, собственно, светом мы и называем то, что вызывает в кли ощущение. Стало быть, можно сказать, что свет – это реакция кли на то, что его наполняет.

Кли ощущает недостаток наполнения светом, который может принимать разные виды, формы одеяний. Это желание наших клеток существовать, развиваться, стремление тела размножаться, преуспевать и т.д. То есть если говорить о нашем мире и его элементах, то кли – недостаток наполнения – единственная вещь, которая существует в реальности в виде всевозможных форм: неживой, растительной, животной и человеческой. Величина недостатка (кли) определяет степень жизненной силы, содержащаяся внутри этого желания, которая и называется «жизнь» или «свет».

Если желание направлено только на то, чтобы поддерживать свое существование, и то, что в каббале называется «наслаждаться» то оно, находится в пределах нашего мира. Если же желание настолько велико, что требует для своего наполнения вечное, неограниченное наслаждение, тогда оно называется духовным.

В чем разница между ними? Допустим, я голоден. Однако в то самое мгновение, когда я приступаю к еде, мое желание начинает уменьшаться, и соответственно этому уменьшается наслаждение. Так случается всегда: по мере наполнения себя наслаждениями, мы разрушаем тем самым желание и уничтожаем блаженство.

На этом простом примере с едой можно понять, что все остальные наслаждения построены точно по такому же принципу: от потребности в пище и сексе до самых больших удовольствий, которые можем получить в этом мире. В то самое мгновение, когда мы получаем желаемое, уничтожается недостаток наполнения, и блаженства больше нет... Могу ли я остаться полным, и чем, собственно, я полон? Наслаждений у меня уже нет, ведь при таком дефиците любое из них будет кратковременным. Как же нам сделать наслаждение вечным? Это и есть наша задача – достичь такого состояния, когда наполнение желания не разрушит его. Тогда наслаждение будет непрекращающимся, полным, и мы почувствуем, что наша жизнь бесконечна.

То, что мы проживаем такую короткую жизнь и умираем, а затем опять воплощаемся в этом мире в новое тело, аналогично примеру с едой, когда ты каждый раз насыщаешься, а по прошествии некоторого времени снова испытываешь желание к пище, и т.д. Однако в каббале существует принцип, метод получения вечного наполнения, собственно, методика каббалы – и есть способ получать наслаждения, потому что именно это является целью творения со стороны Высшей силы.

Когда человек на самом деле начинает осознавать, **что** представляет собой его кли, его тело, как они функционируют, то он очень просто постигает Творца, узнает Высшую силу и понимает, **как** ему следует работать, и зачем необходимо достичь цели творения.

Вопрос: Есть ли различие между свойствами Высшего света и окружающего света?

Эти определения даются относительно человека, точнее, его кли. Окружающий свет («ор макиф») мы никак не можем определить – это просто наше смутное желание чего-то неопределенного. Я чего-то хочу. Чего? Не знаю. Это ощущение, которое испытывают люди, желающие духовного продвижения, они еще не чувствуют внутреннего света, а только окружающий. Тот, кто уже чувствует свет внутри себя, находится на ступени духовного постижения, и как следствие этого – принадлежит Вечности и Совершенству.

Если ты достиг такого состояния, что весь окружающий свет входит в тебя в качестве внутреннего света, то тебе не нужно больше перевоплощаться в нашем мире. Ты включил себя в корень своей души, туда, откуда она низошла.

Для того чтобы каждый человек мог достичь подобного состояния, окружающий свет воздействует на кли в виде страданий, давая почувствовать, что наслаждение находится где-то в другом месте, а не внутри тебя. Таким образом, все наши страдания, беды, несчастья, болезни, войны вызваны действием окружающего света. Потому что, пока человек не совершает никакой работы, чтобы сделать его внутренним, увеличивается напряженность между пустым кли и окружающим светом, усиливая тем самым страдания. Это особенно остро проявилось в наши дни.

Поэтому от того, какое количество людей занимается каббалой, зависит, как мы будем чувствовать себя в этом мире. Чем больше мы будем стараться внести окружающий свет внутрь души, в этой мере мы почувствуем облегчение во внешних условиях.

Это то, о чем пишут каббалисты. Так как у всех страданий есть только одна цель – дать человеку понимание, что ему необходимо работать над тем, чтобы ввести свет внутрь себя.

Вопрос: Возможны ли изменения в Высшем свете?

Высший свет, находящийся в полном покое, является неизменным. В нем никогда не бывает каких-либо изменений по отношению к нам, он также не меняется по своему качеству, а все изменения в ощущении света, которые только могут быть, зависят от наших внутренних перемен.

Вопрос: Каким образом Высший свет доходит до человека?

Высший свет доходит до нас настолько ослабленным, что мы воспринимаем даже не сам свет, а его «одеяния» в различные объекты, притягивающие нас именно потому, что в них этот свет облачен. В таком виде Высший свет можно эгоистически получать, то есть наслаждаться, но не больше. Чтобы воспринимать его даже так, как это делают, например, люди, находящиеся в состоянии клинической смерти, необходимо быть отключенным от эгоизма. Именно потому тот, кто оказался в подобной ситуации, и способен ощутить Высший свет в несколько более проявленном виде.

Однако люди, «оторвавшиеся» от своего тела, перешедшие в иное состояние, гораздо в меньшей степени испытывают высшие, вечные, совершенные ощущения, чем может почувствовать человек еще при жизни в этом мире. Именно потому, что, находясь телесно и духовно в стадии земного существования, он может взлететь до самых вершин.

Получение Высшего света происходит по особой методике. Левая линия – это эгоистические желания человека. Правая – свойства Творца. Человек, естественно, не сразу начинает их ощущать. Изучая по особой системе подлинные каббалистические книги, он вызывает на себя окружающий свет, который затем сможет ощущать, то есть получать в виде наслаждения.

Однако до тех пор, пока человек не подготовлен соответствующим образом, этот свет окружает его незримо и ждет, когда человек будет готов его принять. Поскольку каббалисты получают этот свет явно, то в текстах, созданных ими, остается связь со светом, который они воспринимали в момент написания книги.

Поэтому, правильно изучая труды истинного каббалиста, можно вызвать на себя более интенсивное излучение окружающего света, который в этой мере очистит человека и подготовит его к приему света «в себя». Таким образом, человек наполнится Высшим светом и ощутит себя совершенным и вечным, но исправление под действием окружающего света происходит постепенно, порционно.

По мере того как человек впитывает свойства света, Творца, он исправляет себя, свою левую линию, и становится способным получать свет. Эти порции исправления называются «ступени» духовной лестницы, по которым происходит подъем от нашего мира до будущего мира, до ощущения Творца.

Средняя линия – это то оптимальное соотношение личного эгоизма и силы Высшего света, которые можно совместить так, чтобы максимально исправиться, уподобиться ему, но в то же время и остаться самостоятельно действующим созданием.

Вопрос: Ну а каким же становится путь души, когда ее покидает свет?

Все, что осталось от души после того, как весь свет покинул ее на пути нисхождения в наш мир, – это цепочка решимот. Они свернуты, и в таком состоянии подобны точке, которая находится внутри всех наших желаний.

Она так и называется – «точка в сердце», или зародыш души. Решимот определяют будущую душу человека, ее «форму», свойства и то место в мире Ацилут, куда она должна вернуться.

Отличие первоначальной души в мире Ацилут до ее нисхождения в наш мир от души, которая вернулась из нашего мира в мир Ацилут, состоит в том, что подъем произошел усилиями самого человека, его желанием. Душа по своему выбору поднимается по ступеням миров, «обретает снова силу высоты» мира Ацилут. В это время тело человека продолжает находиться в нашем мире, то есть он живет в обоих мирах. Каббала по определению – это методика раскрытия человеку всего Мироздания во время его земной жизни.

В процессе этого раскрытия человек перенимает свойства Творца. Поэтому «облик» души – это мера ее подобия «облику» Творца. Иначе говоря, в той мере, в какой человек приобретает свойства Творца, его душа все более «походит» на Него, пока совершенно не станет Ему подобна. Тогда создание и становится равным Создателю.

Из вышесказанного очевидно, что для того, чтобы управлять своей судьбой, а заодно и всем миром, необходимо оказаться по ту сторону экрана.

Вопрос: Что увеличивает желание: разум или окружающий свет?

Конечно же, окружающий свет, но как мы вызываем его большую интенсивность? Свет постоянен. Только я, направляя себя, искусственно, своими усилиями подставляю себя под него, прилагая все большие и большие старания, и поэтому получаю от него больший эффект.

Естественно, что изменения в желании происходят только под воздействием света. Однако свет изменяю я. То есть изменяю результат его воздействие на себя.

Вопрос: Может ли разум быть причиной рождения абсолютно нового желания?

Никогда. Желание первично, даже самое малейшее, но когда оно возникло, то с помощью разума его можно выявить среди прочих и увеличить. Однако разум не может породить новое желание, а лишь дифференцировать его.

Попробуйте объяснить встреченной вами собаке, чем занимаются люди, изучающие каббалу. Можете стоять над ней хоть до завтра и читать лекции по каббале – она будет умиротворенно спать, или заниматься своими делами. Ей ничего не поможет – у нее отсутствует желание.

Это происходит оттого, что наш разум является второстепенным и никогда не может ничего порождать. Он только обслуживает наше желание.

Вопрос: Каким образом человек вызывает на себя излучение свыше – речью, мыслью, действием?

Мыслью, речью, действием – чем-то больше, чем-то меньше. Самое большое воздействие, естественно, оказывает мысль. Мысль – это страшнейшее оружие, ужасное по своей интенсивности. Речь и действие – намного меньше, потому что речь может быть не связана с мыслью, то есть с внутренним устремлением, и действие тоже. Они могут быть насильственные.

Мысль же, исходящая из сердца, а не просто из разума, и обработанная им, устремленная вверх, конечно, имеет самое большое воздействие. Когда у нас этого нет, то речь или действие эффективны и сами по себе.

Начните обсуждать те или иные темы, даже если их нет у вас в сердце, объяснять кому-то или просто участвовать в беседе, начните действовать, не важно, как – мыть посуду ради товарищей, и в вас возбудятся все эти состояния, которые приведут к мысли.

Вопрос: Что значит человек обладает душой?

Что значит обладать душой? У человека возникает точка в сердце, зачаток души, если он будет правильно ее развивать, то вокруг этой точки в сердце разовьется собственно душа.

Точка в сердце – это наше духовное «Я», наш духовный ген, это то место, в котором я существую в Адаме, в общей душе. Все прочее, из чего состоит моя душа, – это остальные души.

Найти свою душу означает: из точки в сердце, из этого первичного желания, которое возникло в нас, соединиться со всеми остальными душами. Они и составляют все мое кли. То есть человек из своей точки получает все, что находится снаружи – в других, посторонних, внешних желаниях, и никогда – в себе самом.

Поэтому говорится «возлюби ближнего», то есть соединись с ним. Возлюби – это значит прими его желания как свои собственные, «выйди из себя». «Возлюби ближнего» является условием получения света. Потому что, «выходя из себя», соединяясь с остальными душами, ты приобретаешь то кли, в котором ощущаешь свою духовную жизнь, Творца, свет.

Вопрос: Душа постоянна в теле или меняется?

Душа – это нечто неопределенное, желание, которое, исправляясь, постоянно меняется, сливается с другими своими частями, с частями других душ и т. п. В конечном итоге все души, исправляясь, сливаются без всякого различия и полностью наполняются Творцом.

Вопрос: Где в теле человека расположена душа?

Душа – это общность с Творцом. Она не находится внутри нашего тела. Можно все в животном теле менять, на душу это не влияет. Чтобы ощутить душу, внутри нас должно сформироваться «место», соответствующее ощущение (орган ощущения, сенсор).

Вопрос: Влияет ли тело на душу?

Ни в коем случае, никоим образом тело и наше умственное и интеллектуальное развитие не влияют на душу и ее развитие, то есть исправление и наполнение светом Творца. То, что душа и тело «связаны» в одном человеке, не означает «влияние тела на душу», потому что душа – это желание отдавать, чего совершенно нет в теле, в его природе.

Вопрос: И все-таки уточните, пожалуйста, еще раз: душа – это кли или свет?

Душа – это свет. Что значит часть Творца свыше? Творец – это свет, и когда часть Его входит в желание получать, это называется душой. Душа – есть часть, которую Творец отдает в кли желания получать, работающее ради отдачи. Внутренний свет называется частью Творца свыше. Если кли не работает ради отдачи, оно вообще ничего не получает. Когда оно получает часть? Согласно мере его исправленности, когда отдает.

Вопрос: Какой свет может быть раскрыт отдельным кли?

Кли в любом случае раскрывает свет в соответствии с мерой его величины, однако эта мера, как бы там ни было, не ограничена для его наполнения и осознания.

Вопрос: Известна ли заранее величина кли, которое должен развить человек, или здесь может что-то изменяться?

Как мы уже говорили, душа каждого человека имеет свой корень. Однако здесь может возникнуть вопрос: корни разных людей исходят из разных мест в общей конструкции Адам Ришон? Разумеется. Это обусловлено тем, что у каждого свое по размеру, количеству и качеству кли. Если кли большее, то, естественно, и зло человек ощущает большее, страдания большие и вознаграждение большее. Как сказано, согласно ощущению зла, пустоты, страданий совершаются усилие и работа, этому же соответствует величина кли и ощущение раскрытия Творца.

Однако это все верно до тех пор, пока не происходит полное включение всех келим друг в друга и в одну общую душу. Потому что затем, все души, словно клетки одного организма, хотя между ними и существует различие, ощущаются одинаково важными для функционирования общей души.

В нашем теле присутствуют такие клетки и органы, функции которых, может быть, не являются первостепенными, жизненно важными. Человек может продолжать нормально жить без них, или, лишившись их частично, вообще не замечая их отсутствие. Стрижем же мы себе регулярно волосы и ногти! Есть и такие, как, например, аппендикс, которые кажутся нам лишними, мы могли бы и без них существовать. Это все происходит потому, что мы не полностью, не абсолютно используем наше тело.

В духовности, если в общей душе не будет хватать хоть одной маленькой клеточки, то она будет несовершенна. Эта маленькая клеточка, маленькая душа, включена абсолютно во все души; и каждой из них она недодаст свое ощущение совершенства. Все будут ощущать еще не полную, последнюю, окончательную ступень, а некую предварительную, расположенную перед ней.

Поэтому в этом движении и в этом достижении абсолютного совершенства все души равноценны. Без самой маленькой ты не достигаешь окончательной ступени, а не достигая ее, ты не находишься на этой ступени. Просто не срабатывает счетчик, и не важно, находишься ли ты за сто километров от нее или в одном миллиметре. Это несовершенство. Потому что здесь должен быть абсолют.

Поэтому когда души приходят к этому состоянию, то именно в нем отменяется любое, какое бы то ни было отличие душ друг от друга по своему величию и значимости.

Тут мы и начинаем понимать, что каждый работал исходя из того, что у него было изначально, из того кли, которое ему дал Творец: одному – маленькое, другому – большое. Соответственно с этим, естественно, Творец подавал ему сигналы и ощущения и поставлял различные ситуации. Все, что происходило в его жизни, соответствовало управлению свыше относительно его кли. Тогда относительно друг друга по модулю, по дифференциалу – все равны.

Вопрос: Где находятся души в то время, когда они не облачены в физические тела?

Душа, не облаченная в материальное тело, находится в том же самом состоянии, что и душа, облаченная в него, просто мы этого не чувствуем. В сущности все люди – это одно кли, в котором они пребывают в корне своей души. Затем этот корень души опускается в мир Ацилут, и там он называется Адам, «человек». От этого Адама, от корня, уже происходит разделение на миллиарды душ, опускающихся до этого мира. В этом мире получается множество тел, в каждом их которых есть его собственная душа. Цель любого человека – подняться к своему корню, вернуться точно в ту точку, из которой он спустился.

Если мы теряем свое материальное тело и оно умирает, то мы возвращаемся в то же самое место, в свой корень, в ту же точку. Однако возвращаемся как точка, существующая в корне души. Если же за время своего пребывания в этом мире мы достигли некоторого духовного уровня, то мы уже не исчезаем. Даже если я хоть немного духовно поднялся и у меня уже есть собственный экран, какая-то мера подобия Высшей силе – Она дает мне, а я за счет правильного получения отдаю Ей, то эта мера подобия называется моей душой.

Пока я не поднялся в духовное измерение и нахожусь только в этом мире, моя душа – это только «точка в сердце». Поднявшись же, я за счет экрана выращиваю из этой точки кли. Когда я умираю, это кли остается. Я уже в этой жизни начинаю ощущать Высшую силу, начинаю связываться с Ней – и эта связь не исчезает, ведь она не относится к биологическому телу. Мы развиваем новое кли – не «черный ящик», воспринимающий окружающий мир через пять врожденных органов чувств, а кли, ощущающее нечто извне. Я «выхожу из себя наружу», и тогда жизнь и смерть моего биологического тела не влияют на то, как воспринимает реальность моя душа.

Если я ничего не добился в течение этой жизни, то возвращаюсь в свой корень как точка – в неосознанное состояние. Во мне нет никакого ощущения жизни. Если же я приобрел экран, то за счет него я обретаю новую реальность, в которой существую – и в то время, когда я живу в этом мире, и тогда, когда мое биологическое тело умирает. Я не очень ощущаю его жизнь и смерть, ведь у меня остается ощущение Высшей реальности.

В итоге мы должны прийти к такому состоянию, когда весь этот биологический кругооборот вообще перестанет оказывать на нас какое-то влияние – ведь мы поднимемся выше него.

Вопрос: Что называется «душой» и «телом» в каббале?

Душой называется свет, облачающийся в тело, – «тело души», а наполнение этого желания называется «душою души». Речь идет о некоей духовной конструкции, о кли и свете, а вовсе не о нашем биологическом теле, которое тут вообще ни при чем.

Вопрос: Можно ли правильно представить себе душу?

Все наши воображаемые представления о душе неверны, поскольку обусловлены нашим эгоизмом, сосудом этого мира. Исходя из этих представлений, мы хотим вообразить себе некую форму, не существующую в наших келим и относящуюся уже к сосуду будущего духовного мира. Это невозможно, так как мы никогда не будем в состоянии представить себе формы, которые в нас не облачились.

Вопрос: Что нужно сделать человеку, желающему духовного возвышения?

Ему необходимо пройти поступенчатое развитие от состояния, в котором он не знает, не понимает, не постигает ничего в Мироздании, до таких состояний, в которых продвигается посредством собственных усилий.

Вопрос: Что имеется в виду под словами: Творец посылает свыше каждому праведнику душу, которая помогает ему в пути?

Речь идет о духовном продвижении снизу вверх. Однако когда человеку подается помощь свыше, то его начинают обучать и создавать в нем новые духовные ощущения.

Существует так называемый кругооборот душ. Зарождение, перемещение, изменение, смена душ в каждом животном теле. Что это значит?

Всякий раз, когда в человеке немного меняются желания, то есть их набор, он как бы перемещается из одной души в другую. Он и физически при этом слегка изменяется, но мы не ощущаем зависимость одного от другого. Ежесекундно в каждом из нас происходит смена желания, намерения. Это является следствием глубинного изменения душ, которые мы претерпеваем постоянно. То есть совершается перемена духовных желаний.

Кроме изменения внутреннего потенциала души, которое то и дело происходит в человеке (именно таким образом он духовно продвигается, даже не замечая этого), каждый из нас также движется к Концу Исправления. Так работает общий механизм Управления.

Существуют еще и вспомогательные вселения более высоких душ в низшие, чтобы продвигать человека по избранному пути, по особым ступеням. Имеются в виду не сказки о том, что в него вселяется плохая или хорошая душа, и он впадает в состояние безумия...

Нет, это означает, что отдельного человека желают возвысить несколько больше, чем других людей. Может быть, по каким-то определенным причинам, от него зависящим или не зависящим, возможно, потому, что он делал что-то особенное, или в соответствии с каким-то другим планом. Ведь все мы являемся некими органами в общем теле: есть более важные, есть менее. Один орган должен сейчас работать больше, другой меньше, и так далее, это единая система.

Однако если человека желают продвинуть по духовной стезе, то ему посылают еще и так называемую дополнительную душу, добавочный источник желания, еще одну, более высокую, связь – обычно альтернативную, а не прямую – с Творцом. Такое случается.

Практически же, по сути действия, перейти с одной ступеньки на другую, действительно подняться, а не просто изменить состояние, без помощи какой-либо более высокой души невозможно. Для этого совершенно необходима другая душа, которая просто взяла бы человека словно за руку и показала ему, как это осуществить, помогла, подтолкнула к подъему. Ведь душа – есть сила. Превращая каждый болезненный укол в исправление, помощь и обретение ступеней, мы понимаем душу, пришедшую нам на помощь, и ее величие.

Это проявляется разным образом. Нет духовного действия, которое можно было бы совершить без того, чтобы высший духовный парцуф прежде не научил тебя, словно ребенка, не показал пример, как именно ты должен действовать. Ступени настолько различаются между собой, что каждый раз ты как будто рождаешься заново.

Потому что это действительно рождение нового желания, которое ты сейчас разбираешь и исправляешь, требующее помощи и примера во всем. Все эти действия продвигают, развивают наш материал, нашу природу.

Вопрос: Каким образом Высшая сила, Замысел творения, действует и достигает низших келим?

Такой процесс осуществляется с помощью душ, которые обладают духовным постижением, но могут находиться в двух мирах. Это означает, что тело человека обитает в этом мире, а душа пребывает в духовном, он-то и называется каббалистом. Тем самым он связывает два мира между собой. Прежде всего через виды окружающего света, вызываемые каббалистом на людей, с которыми он взаимодействует на физическом плане. Он приносит им свыше наполнение. Однако речь идет о каббалисте, который не скрыт.

Скрытый же каббалист не действует открыто, в общих целях. Его задача в основном состоит только в том, чтобы притягивать в мир виды Окружающего света, охраняющие весь этот мир. Мы обязаны им, поскольку без скрытых каббалистов не было бы каналов, по которым свыше, из духовного мира к нам приходит свет, потому что нет иной связи между нашим миром и духовным, кроме как через душу, облаченную в тело праведника.

Поэтому под фразой: «Нет поколения, в котором не было бы Авраама, Ицхака и Якова» подразумевается, что те самые корни, эти три линии обязательно присутствуют в каждом поколении. Как их можно увидеть? Это невозможно. Даже большие каббалисты не видят эти особые души, если им не дается такая возможность. Это может быть самый великий, Божественный каббалист, но он видит только то, что в конечном счете ему позволяют увидеть. Необходимо понять, что во всем этом есть очень точные определения, охраняемые свыше.

Вопрос: Могут ли исчезнуть различия между душами?

Как я уже говорил выше, только в Гмар Тикун, когда все соединены в единую душу, каждый включает в себя всех остальных, и все наполняются одним светом, тогда исчезает отличие между ними, и все становятся как одно тело.

Как выглядит Творец

Вопрос: Что значит, что Творец не имеет материального образа?

Он не ощущается в наших желаниях автоматически – Он ощущается в нас только в мере подобия наших желаний Ему.

Высший свет проявляется в нас своей минимальной частью, без всякой подготовки с нашей стороны. Созданное Творцом кли воспринимает Его в каком-то мизерном размере, объеме, и этот минимальный объем, минимальное постижение Творца называется «этот мир».

Вопрос: Почему человек хочет познать Творца?

Поскольку свет создал кли, желание раскрыть в себе наполняющего его. Любые наши желания сводятся к тому, чтобы познать наш корень – Творца, источник, откуда исходит наслаждение.

Вопрос: Если Творец неизменен, то как следует понимать слова Бааль Сулама о том, что Он как бы меняется относительно человека?

Каббала говорит о том, что Творец неизменно добр, свет находится в абсолютном покое, на нас постоянно нисходит благо. Мы же меняемся относительно света, находимся в большем или меньшем подобии или противоположности свету своим свойствам, – и в соответствии с этим испытываем либо наслаждение, либо страдание. То есть, используя свои свойства, мы можем либо пытаться получить для себя, либо отдавать Творцу.

Вопрос: Почему не везде объясняется, что Творец неизменен, а говорится, что Он то скрывает, то раскрывает Себя – как бы меняется относительно человека и этим вызывает в нем различные реакции? Почему мы не придерживаемся все время одного утверждения, что все изменения происходят в человеке?

Бааль Сулам делает это специально, потому что изначально наше понимание несколько спутано, мы считаем, что меняется нечто вокруг нас, а не мы сами по себе. Поэтому для того, чтобы провести нас через все наши состояния, он сначала еще глубже вводит нас в состояние, когда мы считаем, что меняется Творец, обращаясь к нам то «Ликом», то «спиной», то двойным образом скрывается, то награждает, то бьет и так далее. Он намеренно приводит нас в такое замешательство, раскрывает нам полную картину нашего неправильного понимания, а уже после этого начинает давать правильную картину, говоря о том, что Творец неизменен.

Что же тогда происходит в человеке? Какие изменения в нем вызывают ощущения, будто бы Творец обращается с ним по-разному? Почему происходящее внутри нас представляется нам как происходящее вовне? Почему мы вообще предъявляем претензии Творцу, а не себе?

Это и есть скрытие управления. Однако, объясняя его нам, Бааль Сулам хочет сначала показать, исходя из нашей природы, почему мы воспринимаем это обратно, инверсно. Все, что происходит внутри нас, кажется нам происходящим снаружи – так мы устроены. Поэтому сначала следует объяснить, как мы устроены, что и как мы видим, еще раз провести это, так сказать, перед нашими глазами, а потом начинать объяснять нашу внутреннюю систему, почему она это «переворачивает», и объяснить правильное состояние отношения к Творцу.

Таков путь объяснений в любой науке и при любом обучении. Бааль Сулам в этом не идет вопреки нашему здравому смыслу. Мы еще увидим, как он закончит свои объяснения. Кроме того, все-таки он не хочет отдаляться в своем изложении от принятого в древних каббалистических источниках стиля: с использованием всяких высказываний, с завлечением человека в тексты, которые якобы изначально должны быть ему знакомы, а потом уже, исходя из этого, вводится разумный, правильный, короткий вывод.

Стиль действительно архаичен, я согласен. Однако если писать об этом коротко и просто, то учащийся не будет вовлечен в процесс изучения. Надо приоткрывать и закрывать, приоткрывать и закрывать – таким образом в человеке создается желание, иначе ничего не будет. Так мы устроены.

Поэтому таков стиль всех каббалистических книг. Даже когда нам кажется, что так уж все объясняется, – на самом деле мы просто не видим подвоха, мы не видим, где там заложено двойное скрытие, которое в итоге придет к нам ударом, и мы не сможем ничего понять. Было все так хорошо пару недель, и вдруг – ничего.

Адам и его сыновья

Вопрос: Какой элемент творения является его целью?

Во всем сотворенном существует только один элемент, один вид создания, пребывающий в состоянии, определяемом как Цель творения. Именно в его создании заключалось намерение творения. Это творение называется «говорящим», сыном человеческим (бен Адам).

Вопрос: Почему «говорящий» называется сыном человеческим?

Сыном человеческим он называется потому, что существует общее строение творения, называемое человек (Адам), а его части называются сынами человеческими, результатами его разделения, его частными составляющими.

Вопрос: Зачем нужно разделение Адама?

Благодаря тому, что он разделен на части и узнает каждую из них, работая над ней, как над составляющей, он постигает меру ее изолированности от Творца и понимает, что его оторванность от Него происходит оттого, что он не связан с остальными частями, что находится в желании получать ради себя.

Вопрос: Изменило ли картину мира разбиение Адама Ришон?

Я не понимаю этого вопроса. Изменило ли этот мир разбиение Первого человека? Не было этого мира до разбиения. Этот мир сформировался после него.

Возможно, мы можем говорить об этом мире уже после того, как произошло Второе сокращение, когда возникает место, предназначенное для этого мира, и сюда спускаются виды окружающего света, то есть было уже подготовлено место для этого мира – полностью оторванного от отдачи. Затем при разбиении келим все они упали до окончания парцуфа Адам Кадмон. После образования мира Ацилут все миры распространились до окончания АК, а ниже окончания парцуфа АК не было никакого материала – нечистые миры БЕА и этот мир сформировались (то есть сформировался их материал) именно после грехопадения Адама Ришон.

Вопрос заключается в том, как грехопадение Адама Ришон повлияло на Мироздание? Это повлияло на миры БЕА – они опустились на свои постоянные места, и кроме того против них сформировались нечистые миры БЕА.

Вопрос: Как сын человеческий может превратиться в Человека?

Соединяясь со всеми остальными частями для того, чтобы достичь осознания Творца, духовного, соединения с Создателем. Тогда то же самое творение превращается из сына человеческого (бен Адам) обратно в общего человека (Адам).

Вопрос: Как на основе закона развития неживого, растительного, животного и человеческого уровней объяснить, что душа каждого человека является отдельной частью, обязанной соединиться с неким общим телом, и что все души должны вновь соединиться в душу Адама Ришон?

Когда материал достигает своей последней ступени, самой низшей, которая только может быть на неживом, растительном, животном и человеческом уровнях этого мира, тогда самым низшим уровнем, способным начать осуществлять единение из этого самого низкого места, является человек, существующий в этом мире. Человек состоит из четырех стадий. Безусловно, с одной стороны, неживой уровень этого мира ниже уровня человека. С другой стороны, человек хуже и ниже неживого уровня. Человек – это последняя, самая худшая ступень в процессе развития, и потому с него начинается исправление.

Весь спуск, скатывание сверху вниз происходили вследствие того, что Бина все больше и больше принижала себя относительно Малхут, даже таким образом, что Малхут возобладала над ней. Она не просто уменьшила Бину, а переборола ее намерением самонаслаждения, начав использовать ее ради своих нужд, и достигла самых последних ступеней в этом мире.

В конечном итоге кто мы такие? Мы – части творения, но такие его части, которые составлены из Бины и Малхут в чувственной и разумной форме и способны исправить это соединение Бины с Малхут так, чтобы Бина властвовала над Малхут, Творец властвовал над творением. Однако **мы** желаем, чтобы это осуществилось – нашими силами, нашим свободным выбором, и совершаем это сейчас, возвращаясь обратно.

Подъем по ступеням

Вопрос: Почему мы делим Высший свет на части, ступени?

Свет, приходящий к нам, – абсолютно аморфный, простой свет, так как в нем нет никаких изменений, а мы его делим на пять частей. Эти пять частей – еще на пять, и еще на пять и по количеству и по качеству, по всему тому, что есть в нас самих; в свете же нет ничего.

Вопрос: Что такое первое сокращение?

Творение решает, что оно не желает использовать свое желание получать.

Вопрос: В чем смысл сокращения?

Творец сотворил желание получать. Это желание получать отдалилось от Творца. Само желание осталось тем же желанием – оно не может «сократиться». Оно сократило получение света. В нем как будто было большое отверстие для получения света, а затем оно закрылось – и это называется «сокращение».

Вопрос: В чем особенность корневой стадии?

Согласно величине своего желания насладить, свет строит кли – желание получить. Свет и кли идеально соответствуют друг другу: входя в кли, свет заполняет его на сто процентов – до такой степени, что свет, заполняя кли, полностью властвует над ним, и кли подавляется им, становится неразличимым.

Вопрос: Почему первая стадия не считается самостоятельным творением?

Поскольку первая стадия сотворена непосредственно светом: все, что в ней есть, пришло напрямую от света, она не ощущает себя самостоятельно существующей. Творение на данном этапе ощущает лишь свет, наполняющий его.

Вопрос: Как получающее кли может захотеть отдавать?

Кли состоит из двух частей: первая часть – свет, исходящий от Высшего, то есть то, что Высший желает дать, и вторая часть – результат ощущения света в первой части. Поэтому кли меняется: благодаря ощущению Дающего наслаждение оно желает измениться и стать подобным Ему – желает отдавать.

Вопрос: Каким образом вторая стадия может отдавать?

Только получая. Поэтому из желания отдавать исходит желание получать, равное первой стадии. Как корневая стадия, желая насладить, строит первую стадию – так же теперь желание насладить, «принадлежащее» творению, строит желание получать, в точности равное первой стадии.

Вопрос: Что ощущает третья стадия?

Можно сказать, что она ощущает наслаждение Творца оттого, что Он наслаждает. Именно в той мере, в какой она чувствует, насколько Хозяин велик и насколько Он наслаждается тем, что отдает – в этой мере в кли раскрывается желание получать, но **что** получать? Не те блюда, а самого Творца!

Вопрос: В чем разница между первой и третьей стадиями?

Желание получать в третьей стадии возникает как следствие желания отдавать самого творения, а не Творца, как это было на первой стадии.

Вопрос: В чем разница между Малхут и всеми предыдущими стадиями?

Все стадии, предшествовавшие Малхут, называются развитием творения, и лишь Малхут называется творением. Это потому, что в Малхут присутствует не просто желание получить, направленное на Высший свет, приносящий наслаждение, – в Малхут есть желание уподобиться Творцу.

Вопрос: Как Малхут может себя исправить?

Малхут строит для самой себя систему миров, посредством которой она достигает такого высокого положения, как уровень Творца. В свою очередь пять миров: Адам Кадмон, Ацилут, Брия, Ецира, Асия – являются ступенями ее дальнейшего возвышения до уровня Творца.

Вопрос: Что такое миры?

Миры – это системы отношений между Малхут и Творцом, выстроенные ею перед самой собой, которые играют роль фильтров, занавесей, заслоняющих ее от Творца.

Вопрос: Какова природа неживой, растительной и животной форм?

Все эти формы – результат развития наших внутренних желаний. Вследствие развития наших внутренних желаний образуются ветви, рождающие такие формы жизни, формы существования.

Вопрос: Что такое неживое, растительное и животное в духовном измерении?

Это силы, окружающие душу, приходящие поддержать и помочь, это силы, помогающие человеку. Находясь вне человека, вне души, вместе с тем они различными способами воздействуют на нее, и душа зависит от этих сил, а они зависят от нее.

Вопрос: Что такое 3 вида желаний?

Животное желание, называемое нами телесным, – это то, что относится к телу, когда человек, даже не будучи связан с окружением, все равно ощущает их недостаток. Второй вид – это уже человеческие желания, такие как деньги, власть, почести. Третий вид желаний – это знания.

Вопрос: Как может абсолютно эгоистическое кли этого мира устремиться к исправлению?

Для этого существует свет, который, то отдаляясь от кли, то приближаясь к кли, воздействует на него так, что постепенно обучает его, создает в нем соответствующие предпосылки, которые рядом с желанием образуют память, разум, и кли начинает ощущать, что есть возможности для страданий, а есть возможности для наслаждений.

Вопрос: Как нужно относиться к собственным ощущениям?

Отношение человека и к отрицательным, и к положительным ощущениям обязано быть выше этих ощущений, как к полезным силам, помогающим ему в пути.

Вопрос: Что такое духовные ступени?

Ступени – это неживые (домем) объекты, внутренние и внешние условия, созданные вокруг «поднимающегося» по ним человека, которые душа обязана ощущать как свои внутренние и внешние данные.

Вопрос: Что содержат в себе духовные ступени?

Каждая ступень включает в себя все существующее: от нее до мира Бесконечности, а также все то, что расположено под ней, до самой нижней точки. В каждой из ступеней содержатся все скрытия от мира Бесконечности и до самой нижней точки.

Вопрос: Что должен делать человек, шагающий по ступеням?

Он должен привнести внутрь себя природу каждой ступени, скопировать ее на свое желание получать, чтобы оно приобрело свойства той же ступени.

Вопрос: Означает ли это, что каббала является инструментом по улучшению человеческой души, изменению ее в духе альтруизма?

Каббала просто объясняет законы существования мира.

Вопрос: Она объясняет цели трансформации человеческой души?

Да, конечно. Каббала разъясняет человеку, из чего он состоит. Человек же состоит из двух частей: из души и тела. В этой системе знаний объясняется, какова конструкция души, тела, каково взаимодействие между этими двумя частями в человеке. Каким образом можно, кроме того, что мы ощущаем тело, начать ощущать душу, раскрыть в себе эту внутреннюю информационную структуру. Как можно не только ощущать ее, а овладеть ею, управлять, влиять с ее помощью на Мироздание.

Мы с вами сейчас воспринимаем окружающий мир как реакцию на информацию, поступающую в наш мозг через пять телесных органов чувств. Есть мое тело, в этом теле имеются пять органов восприятия: зрение, обоняние, вкус, осязание и слух. Это все, что у нас есть. То, что мы через них получаем, суммируется и дает картину, которая как бы рисуется в нашей голове – это картина нашего мира. Однако если тела нет, то этой картины тоже нет. Все перечисленные органы принадлежат нашему телу.

Есть, кроме того, еще один орган, назовем его душой. Не имеет значения, как его назвать, потому что разницы между ними нет никакой: и тело – это желание, и душа – это желание. Через этот орган (душу) я получаю картину дополнительной части Мироздания.

Картина, называемая наш мир, – это то, что мы все ощущаем с помощью наших естественных органов чувств, с которыми родились.

Мне надо разработать шестой орган чувств (шестое чувство), и тогда я получу еще и восприятие Высшего мира. Высший или духовный мир – это дополнительная часть Мироздания, которая в обычном состоянии от нас скрыта, но мы можем ее для себя раскрыть. У нас есть соответствующий орган, только он находится в зачаточном состоянии.

Каббала – это методика развития шестого органа чувств. В той мере, в какой мы его развиваем, мы начинаем понимать, как все в мире связано. Потому что благодаря пяти чувствам мы получаем просто картину мира, а в душе мы можем ощутить связи между частями этой картины – то, что находится за ней, то, что нами движет.

Это самое главное из того, что каббала дает человеку. Когда он обнаруживает эту возможность, у него меняется отношение к миру, но не потому, что об этом где-то написано, кто-то сказал, научили в школе, привили, и он не может избавиться от этого, – нет. Изменение проистекает из явного видения и постижения. По каббалистической методике у человека нет ничего, что могло бы его обязать, кроме непосредственного ощущения, видения и понимания.

Чтобы овладеть картиной, называемой «наш мир», нам требуется 2% мозга. Остальные 98% необходимы нам для постижения Высшего мира. Когда мы начинаем раскрывать эти связи, мы действительно ощущаем, как на 98% увеличивается понимание мира, в котором мы находимся. Это позволяет сделать каббала.

Она не имеет никакого отношения к религии, обрядам, обетам и заповедям. Вы можете продолжать вести свою обычную деятельность, быть кем угодно, заниматься чем хотите. Вас исправляет само ощущение Высшего мира, его понимание: вы видите, что хорошо, а что плохо. Все остальное считается в каббале неправильным воспитанием, потому что при этом ты заставляешь человека, убеждаешь его насильно, навязываешь ему что-то. Важно, чтобы человек сам совершил это открытие, и оно обязало бы его изменить отношение к миру.

Вопрос: Бывает ли так, что кому-то достаточно одной жизни, чтобы этого достичь, а другому человеку понадобится несколько жизней?

У каждого человека, естественно, существует свой корень души. Мы все представляем собой единую душу, словно один организм, который полностью связан между собой – каждая клетка со всеми остальными. Проблема в том, что в нашем мире мы являемся разобщенными частями этого организма.

Если бы мы соединились между собой, работали друг на друга, что называется, прониклись всеобщей любовью, взаимопомощью, взаимными сочувствиями, тогда мы подняли бы себя на этот уровень вечного существования.

В чем Замысел Творца?

Вопрос: Вечное возвращение и вечная эволюция – в этом Замысел Творца?

Нет вечной эволюции. Сегодня страдания подталкивают нас к осознанию невозможности существования в таком состоянии, и нам дается направление вверх. Впереди еще, конечно, есть несколько лет, пока человечество постепенно выяснит для себя, что действительно выхода нет, и необходимо правильно использовать свой эгоизм.

Должно состояться возвращение к конструкции, изначально созданной Творцом. Он создал первоначальную структуру – Он ее разрушил. Он сделал все зло, которое в нас – Он приводит нас к осознанию этого зла. Он командует всем этим, а мы совершенно ничего не делаем. Однако когда в нас зарождается точка в сердце, то есть устремление к духовному развитию, у нас появляется единственная возможность свободного выбора, возможность проявить свободу воли.

В чем она заключается? В выборе пути на слияние с Творцом. Когда мы возвращаемся из нашего состояния в первоначальное, созданное Творцом, мы становимся равными Ему, потому что сами выбрали это состояние. Нужно изучать каббалу, чтобы узнать, каким образом все это происходит. Здесь существует целая система из пяти, так называемых миров, а ступеней, которые мы проходим, чтобы подняться из уровня нашего мира до исправленного состояния, сто двадцать пять. Если человек достигает подобного состояния, он становится полностью равным Творцу, таким же, как Он, вечным, совершенным, понимающим, знающим.

Человек включает в себя все Мироздание, становится единой силой, информацией, знанием, ощущением, содержащим в себе все. Это и значит, «венец творения», к этому состоянию мы и должны прийти.

Когда?.. Времени у нас немного. В нашем распоряжении всего десять–двадцать лет. Иначе возникнут такие выталкивающие силы, которые человечество будет просто не в состоянии перенести.

Вопрос: Если мы говорим о законе, что он – совершенный, всеобъемлющий, всемогущий, назовем его – Творец...

Нет, Творец – это не имя какого-то волшебника. Творец называется – «приди и узри». Это говорит о том, что Творец – есть то, к чему я должен прийдти и раскрыть. Не относитесь к этому имени, как к чему-то всемогущему. Творец – это то, что должно мне раскрыться.

Природа и ее законы

Вопрос: Что подразумевается под законами природы? Сила притяжения, центробежная сила или также, например, мой начальник на работе, или моя жена?

Абсолютно все, что мы раскрываем в окружающем нас мире, называется «розыгрыш», потому что весь этот мир не является совершенным, вечным. Законы, которые действуют в этом мире, не настоящие, истинные законы, они существуют только в маленькой области Мироздания, которую мы раскрываем. Эта область Мироздания и есть наш мир.

Вопрос: Почему человек чувствует себя хорошо и спокойно, находясь в окружении природы?

Человек чувствует себя хорошо наедине с природой, поскольку она, как правило, не таит в себе непредсказуемой угрозы. Мы привыкли к природе, вышли из ее лона, она принимает нас. Я не должен играть с ней, защищаться от нее.

Природа – это неживой, растительный и животный уровни. Я чувствую себя «говорящим», человеком, более сильным, чем они, и потому смотрю на них свысока и понимаю, что неживой, растительный и животный уровни – вся эта природа – должны обслуживать меня, и я могу пользоваться ею безгранично для своего наслаждения.

В конечном итоге, если человек правильно использует природу, он тем самым также переводит ее на более высокий уровень, и тогда природа возвышается вместе с человеком. Так происходит и в материальном, и в духовном мире, если человек поднимается вместе с неживым, растительным и животным уровнями, имеющимися на каждой ступени, в каждом мире, он тем самым освящает этот мир, и мир поднимается вместе с ним.

Получается, что человек, как «говорящий» уровень, находится внутри окружающей среды, как некой сферы, называемой природой, – это неживой, растительный и животный уровни. Человек в качестве уровня «говорящий» находится в центре этого объема. Поэтому если он получает от природы все необходимое и правильно развивается, то все это он получает для своего подъема, и тогда природа поднимается вместе с ним. Бааль Сулам пишет в начале «Введения в науку каббала», что нет особого, отдельного расчета с неживой, растительной и животной природой, все они включаются в человека и поднимаются вместе с ним.

Вопрос: Что представляет собой природа, окружающая нас, и природа, находящаяся внутри нас?

Об окружающей природе я уже говорил, отвечая на предыдущий вопрос. Что такое природа внутри нас? Мы представляем собой желание наслаждаться на «говорящем», человеческом уровне. Когда речь идет о природе внутри нас – о неживом, растительном, животном и человеческом уровнях желания наслаждаться, все это говорится о внутренних уровнях человека.

Если человек желает только земных наслаждений, то в них тоже есть неживой, растительный, животный и человеческий уровни – желания к телесным наслаждениям, деньгам, почету и знаниям. Если он уже переходит к поиску иных наслаждений, находящихся за пределами телесных желаний, денег, почета и знаний – к уровню человека, то эти желания тоже подразделяются на неживой, растительный, животный и человеческий уровни, по которым человек также поднимается. Это уровни его желания по отношению к Творцу, жажда духовности.

Это называется внутренней природой человека. Почему мы называем это природой? В сущности мы представляем собой лишь «нечто из ничего» – маленькую точку, желание получать, наслаждаться, а все, что есть в нас за пределами этого желания, получено нами от свойства отдачи (Бины). С помощью свойства отдачи, входящего в желание наслаждаться, это желание начинает развиваться.

Желание наслаждаться без свойства Бины – это всего лишь частица материи, так называемый первозданный материал. Даже для того чтобы это желание могло существовать, в нем в любом случае должна быть какая-то минимальная мера Бины, чтобы позволило электронам вращаться, атомам и молекулам – соединиться между собой, начать существовать во взаимосвязи друг с другом и распространяться.

Поэтому все, что имеется в природе, пришло внутрь этого первозданного материала, желания наслаждаться от свойства Бины. Поскольку свойство Бины дает природе возможность существовать и развивает ее, то природа и называется этим словом «природа» (тева), потому что в сущности это Бина, Творец, духовное (Элоким). Отсюда гематрия слова «Элоким» соответствует гематрии слова «тева» (природа).

Есть сила Творца (Элоким), которая действует на уровне Бины. Этот уровень Бины, включающийся внутрь Малхут и оживляющий ее, называется природой (тева). Мы ощущаем внутри себя нашу внутреннюю природу, а вне себя – окружающую нас природу, но в сущности все это – явление Творца на уровнях, соответствующих нашему развитию. Если мы разовьемся больше, то ощутим и самих себя, и природу на более высоких уровнях, но в любом случае это будет проявлением Творца.

Вопрос: Что подтолкнуло неживую природу к развитию растительной?

В творении присутствуют две силы – сила Творца и сила творения, «нечто из ничего» – желание наслаждаться и сила Творца – желание отдавать. Две эти силы действуют, и обе они образуют всевозможные меры соединений между собой. Не больше этого! Из корня – Творца образуется стадия алеф – творение, ощущающее наслаждение, а затем – стадия бет, в которой творение ощущает Творца.

Почему стадия бет – Бина является особенной? Она особенна не тем, что отдает, а тем, что у нее есть сила желания наслаждаться, спрятанного внутри нее, наполнение этого желания, на основе этого – ощущение Высшего, Отдающего, и решение, что она желает стать Отдающей. Это – Бина. В ней есть четыре категории – желание наслаждаться, наслаждение в этом желании, ощущение Дающего и желание стать такой же, как Дающий.

Поэтому это решение, исходящее из всего соединения сил, действует на Малхут. Оно не действует так, что просто дает Малхут желание отдавать. Все, что есть в ней, это внутреннее наполнение, в котором одно заключает в себе другое – все это воздействует на Малхут. Тогда Малхут и начинает выбирать – уподобляться Дающему или нет, стать такой же, как Бина, или оставаться в своих свойствах?

Вопрос: Между одним состоянием и другим, между причиной и следствием существует некая разделяющая перегородка, какая-то бездна?

Каждое свойство отделяется от близлежащего к нему свойства разделителем до размеров бездны, чтобы между ними не было никакой связи, кроме запуска решимо от одного к другому, нажатия кнопки. Это подобно эстафетному забегу, когда я беру у тебя эстафетную палочку, бегу к другому, передаю ему, и он бежит, чтобы передать ее дальше. Это – все. Я принял сигнал от кого-то, кто постучал в стену моей комнаты, перешел к другой стене, постучал по ней, ты в соседней комнате передал сигнал дальше, и так далее. Когда-то так передавали различную информацию от станции к станции, например, во время войны, зажигали костры на возвышенностях.

Здесь – то же самое, происходит только активизация, сигнал, который передается от одного к другому, но это не значит, что сам материал с той же самой мерой исправления превращается во что-то иное. Внутри материала есть количество и есть качество – за счет света, находящегося в нем, но нет перехода от количества к качеству. Ты можешь сделать из маленького слона большого, но каким бы большим он ни был, он не превратится, к примеру, во льва. Он останется слоном. Ты можешь взять всех животных, существующих в этом мире, и все они будут якобы причиной для создания одного крошечного младенца, но они не будут находиться на его уровне. Однако это не значит, что величина здесь превращается в некоторое новое качество.

Вопрос: Теория Дарвина объясняет эволюцию, но все время получается разрыв между одним и другим, непонятен момент перехода от одного состояния к другому. Есть стадия алеф и стадия бет – неживое и растительное, но как они связаны между собой?

Одно не касается другого.

Нет никакого развития от одного уровня к другому! Один лишь служит причиной для появления другого.

Например, есть две комнаты. В одной комнате дети играют в мяч. Ребенок бьет по мячу, мяч ударяет в стену, а за стеной есть переключатель. Этот переключатель замыкает какую-то систему и генерирует волну. Эта волна доходит до определенного места, воздействует на некий датчик, и этот датчик включает еще в некотором измерении, допустим, уже не волну, а свет. Этот свет доходит до соответствующего места и включает какой-то двигатель, а двигатель – еще что-то...

Одно служит причиной для другого, но каждый действует в ином измерении. Нет физической связи одного с другим. Связь происходит только через перегородку – как причина и следствие. Когда одно заканчивает развиваться, начинает развиваться другое, на другом уровне. Предыдущий уровень не передает ничего, кроме стартового сигнала. Сама ступень не превращается в другую.

Можно объяснить это иначе. Нам кажется, что развитие идет согласно дарвиновской теории эволюции, основываясь на которой, можно сделать вывод, что из неживого уровня происходит растительный, из растительного – животный, а из животного – говорящий. Здесь-то и кроется ошибка. Никогда не может быть такого, чтобы один вид произвел из себя другой. Нет, один вид становится причиной другого, вызывая его образование и развитие, однако никогда мы не сможем увидеть, как из неживого уровня происходит растительный, то есть развивающийся, исторгающий, извлекающий из себя что-то и тем самым размножающийся. Ведь этот принцип и является определением всего живого. Так вот, подобного мы никогда не увидим, поскольку не бывает переходов от одной ступени к другой. Неживую, растительную, животную и говорящую ступени разделяет **пропасть**. Одна лишь приводит к образованию другой.

Из чего же проистекает следующая ступень? Когда заканчивается развитие неживого уровня, начинается развитие растительного, однако растительный не является естественным продолжением или венцом неживого. Хотя есть множество существ, находящихся как бы на рубеже между неживым и растительным, растительным и животным, животным и говорящим уровнями, однако они существуют в абсолютной форме, не сдвигаясь вперед или назад, вверх или вниз, и занимая свои постоянные места.

Где был создан человек? В особом месте – там, где духовное начало как бы встречается с материальным, где есть связь между двумя соседними ступенями. Связь эта тоже нематериальна, она не означает, что точно над горой Мориа духовные сфирот спускаются с небес и касаются земли. Нет, речь идет о двух соседних ступенях, между которыми все-таки пролегает бесконечный провал. Вся реальность, расположенная над горой Мориа, называется «духовной»; а вся реальность, расположенная под горой Мориа, называется «материальной». Вершина горы Мориа, духовная вершина, где потом выстраивается Святая Святых, – самое высокое место, какое может быть в этом мире. Оно лежит над всем материалом этого мира, и там скапливаются самые большие духовные силы.

Именно там, в этом месте и был создан человек, который является как бы «координатором» между материальным и духовным мирами. Оба этих мира – материальный и духовный – находятся в нем, и он может создавать равновесие между ними, используя их как единое целое. Тем самым он поднимает всю нашу реальность на духовный уровень.

Вопрос: Но когда-то это случилось в истории? Был земной шар, а потом в один день Бина вдруг проявилась внутри Малхут и родилась первая органическая клетка – первое растение. Что-то заставило неживое прекратить свое развитие и начать развиваться растительное, и тогда в материальном мире, на поверхности земли появилось первое растение. Потом растительный мир развивался, появились деревья, в итоге растительное царство закончило свое развитие и появилось первое животное. Почему сегодня, когда все уже существует, мы не продолжаем наблюдать подобное формирование материи?

Прежде всего я не думаю, что сегодня, продолжая развиваться на человеческом уровне, мы не влияем на предыдущие ступени, и там не возникает новых форм. Я не знаю, образуются ли совершенно новые виды, но, безусловно, мы оказываем влияние на их развитие – на неживом, растительном и животном уровнях. Конечно, материал меняется.

Ступень Бины, проникающая во все уровни: от человека в животное, от животного в растение и от растения в неживое и изменяющаяся за счет нас, изменяет все включения Бины во все ступени этого мира, и этот мир меняется. Это, безусловно, так! Мы не в состоянии связать происходящее с собой и увидеть, как происходит процесс и почему, но это так, без сомнения.

Мы видим, что мир меняется, и очень быстро. Происходят генетические мутации в растениях, в животных и в человеке. Нам трудно увидеть большие изменения в самом материале – на неживом уровне. Мы и не так хорошо его знаем, это уже относится к элементарным частицам, о которых нам мало что известно. Сколько мы можем понять из релятивистской физики или квантовой механики о материале, существующем на субатомном уровне?

Однако все же мир меняется на всех уровнях. Поскольку нечего больше добавить к желанию насладиться, кроме желания отдавать. Альтруистическое желание и меняет эгоистическое желание на всех уровнях.

Если каждый из вас продумает, как идут такие процессы в соответствии с изначальными стадиями, то вы не будете в этом путаться. Поскольку оттуда уже идут отпечатки во всех мирах: в мире Адам Кадмон, Ацилут, БЕА и в этом мире. Разница в том, что АК и АБЕА изменяются сверху вниз, а этот мир уже начинает изменяться снизу вверх, через свое развитие.

Не важно, в каком направлении раскрывается этот порядок, но он разворачивается в точном соответствии с программой, содержащейся в той же самой первой форме.

Вопрос: Почему миру должно быть так важно, что переход из состояния в состояние происходит по принципу причины и следствия, а не как прямое порождение одного другим?

Это очень принципиальное различие! Если это причина и следствие без прямой связи, то развитие заканчивается в Бесконечности, и каждый раз начинается в Бесконечности, беря оттуда новые формы, решимот. Если же это происходит в результате прямого развития обезьяны в человека, то подобное развитие мы видим и в лаборатории – все движется в логической, рациональной форме. Тогда не нужна и никакая каббала, никакой мир Бесконечности – все сходится и замыкается на этом мире, и все.

Вопрос: Мы никогда не говорили о том, как, собственно, было создано тело человека, весь материальный мир? Бааль Сулам пишет в одной из своих статей о позитивной и негативной силах, формирующих материю. Продолжает ли он свой рассказ вплоть до создания человека? Что такое человек?

Бааль Сулам пишет в статье «Последнее поколение» о том, как затвердела оболочка на поверхности земного шара, и тогда стало возможным создание жизни. Жизнь развивалась от неживого уровня к растительному, к животному, к человеческому согласно заложенным в творении решимот, формируя материал на основе этих решимот.

Есть 5 уровней, и в той же самой форме они отпечатываются, словно копия, в мире Адам Кадмон, Ацилут, Брия, Ецира, Асия и в этом мире. Эти «йуд-кей-вав-кей» отпечатывают себя на все большую глубину, во все более и более грубом материале – вплоть до этого мира. Это все. Нет никакого другого процесса, идущего сверху вниз.

Вопрос: Вы говорили о причине и следствии в развитии неживого, растительного, животного и человеческого уровней. Где они соединяются в одно целое?

Человек соединяет все в одно целое, потому что представляет собой высшую ступень, и если он работает на Творца, то присоединяет все эти уровни к себе, чтобы они служили той же цели. Тогда тот же самый неживой уровень, служа растительному, растительный – животному, и животный – человеческому, действуют в слиянии с Творцом, и все они с помощью человека сливаются с Творцом. Человек берет всех, кто ниже его, и своей работой прилепляет их к Высшему. Это написано также в различных источниках, описано с помощью всевозможных других метафор.

Вопрос: Наш мир находится внутри нас или вне нас?

То, что мы раскрываем в наших органах чувств, называется природа. Ты можешь сказать, что это в таком образе, в таком виде предстает перед нами Творец. Какая разница? Однако это раскрывается в наших органах чувств, и то, что мы в них можем измерить – материю и форму этой материи, – это абсолютно достоверно, и этим мы должны пользоваться.

У нас больше ничего нет. Находится ли это внутри нас, или вне нас – значения не имеет. Я же сейчас не говорю о том, каким образом мы постигаем – это не имеет значения, но то, что мы постигаем, – это наш мир, и на нем мы основываемся.

Изучая с помощью своих органов чувств археологию, я изучаю тот материал, который мне дается для изучения. Какое же значение имеет то, что я начну себе воображать: он находится сейчас вне меня или внутри меня? Какая разница! Внутри меня – ну так что? Весь материал, который я сейчас изучаю, – внутри меня.

Какая разница между костью курицы, которую я сейчас грызу, и костью мамонта, которую я нашел в песке? Разница только в тех желаниях, которые во мне открываются и которые я исследую в себе. Верно – в себе, в своих чувствах, ощущениях.

Все, что происходит и что на самом деле установлено наукой, – все это мы обязаны принимать. Обязаны! Ты можешь сказать: «верой выше знания» – это твое дело. На самом деле это такая же вера, как любая другая – не важно. Мы обязаны это принять как факт.

Вопрос: Почему и как развивается познание в духовном мире?

Как и в нашем мире. Если бы мы не развивали науку о нашем мире, мы остались бы в пещерах, но решимот (или наша природа) подталкивают нас к развитию, и поэтому мы познаем наш мир. В мере познания мы его используем для себя, и таким образом развиваемся. У нас есть потребности: технологические, культурные, общественные, политические и так далее – все, что у нас есть, мы это все развиваем. То есть желание увеличивается и толкает нас на развитие всего этого.

Затем мы начинаем ощущать потребность в познании духовного мира. Человек приходит в каббалу не потому, что желает развить свою душу, он хочет ответить на вопрос: «Каков смысл моей жизни?»

Смысл жизни – это в принципе вопрос научный. Я живу, существую в каком-то мире, в каком-то виде, меня интересует природа, источник – почему я оказался здесь, по чьей воле, что руководит мною в течение жизни и что будет со мной дальше. То есть все это – знание. В мере открытия этого знания человеку он начинает правильнее поступать. Поэтому знания о Высшем мире необходимы для нормального развития души.

Вопрос: Есть ли возможность измерить, узнать, где мы находимся сейчас?

Как только человек вместо того, чтобы заниматься первым, вторым и третьим уровнями желаний, приступает к работе над своим четвертым, человеческим уровнем желания, к работе над своей душой и пытается найти связь, ведущую от него к Творцу, он начинает ощущать Высший мир – это называется переход махсома.

Он начинает ощущать Творца, как источник этого поля, начинает ощущать себя более или менее подобным этим свойствам, этим качествам, этим желаниям и наслаждениям.

Это невозможно сделать до тех пор, пока вы не почувствуете постоянного, разумного постижения следующего уровня Мироздания, находящегося за нашим уровнем. Это постижение вы можете проверить, записать, передать другому лицу, опознать, так как оно – явное, а не какие-то видения, фантастические картины или представления.

Когда вы это ощутите, то одновременно с этим поймете, на каком уровне вы находитесь, вы поймете, что вышли за пределы земного тяготения, что называется, вашего личного, и уже находитесь в устремлении к Творцу.

Зачем нужно исправлять себя

Вопрос: Изменяются ли наши пять органов чувств в зависимости от развития шестого органа чувств?

Происходит ли изменение в пяти естественных органах чувств у каббалиста, который начал ощущать шестым органом чувств?

Нет! Здесь нет никакой связи. Наши пять органов восприятия – это телесные органы ощущения, которые не изменяются. Великий каббалист может иметь нарушения зрения или слуха, а его шестой орган чувств будет работать на огромных духовных расстояниях, проникая через все миры.

Вопрос: Верно ли я понял, что тело – это средство для исправления души?

Наше тело, по сути, это не тело. У нас нет плоти. (Сожалею, что приходится говорить столь непонятные вещи.) Пять органов чувств рисуют перед нами такую реальность, в которой мы ощущаем себя как тело.

Вопрос: Если у нас нет тела, что же у нас есть?

Желание.

Вопрос: Что это значит? Желание души?

Да, желание первично.

Вопрос: Почему наша душа нуждается в исправлении?

Душа нуждается в исправлении, потому что изначально ее желание направлено на то, чтобы все поглощать.

В такой форме мы не способны достичь совершенства. Существует закон, согласно которому, собираясь наполнить желание, ты его никогда не наполнишь, потому как наслаждение аннулирует желание. Скажем, ты очень сильно чего-то хотел в своей жизни. Как только ты этого достиг, тут же перестал наслаждаться.

Вопрос: Но это в области материи...

Это не область материи, это область желаний. Напрямую наполняя желание, ты его никогда не наполнишь. У тебя есть какое-то желание (не важно какое), ты стремишься его удовлетворить. Едва ты начинаешь его наполнять, как тут же уничтожаешь. Уничтожается желание – исчезает ощущение наслаждения. Поэтому, находясь внутри своего желания и стремясь поглотить все удовольствия, мы никогда не станем счастливыми. В нас будет ощущаться все большая и большая опустошенность.

Вопрос: Хорошо, я достигну равновесия с Высшей силой, но куда денутся болезни, проблемы здоровья?

Болезни, проблемы здоровья, семейные заботы, отношения с детьми – что бы вы ни перечислили, ваши плохие ощущения – все это дается нам для того, чтобы возвратить к правильному отношению к действительности, к жизни. Жизнь дана нам, чтобы мы достигли гомеостазиса, органического равновесия, гармонии.

Вопрос: Но получается, что нет объективной реальности?

Что значит, нет реальности? То, что я сейчас воспринимаю моими органами ощущений, это и есть моя реальность. Вопрос только в том, истинная ли это реальность? Зависит ли она от моего восприятия или нет? Находится ли она в независимой от меня, объективной форме, или это в итоге только слепок с моих свойств. Вот и получается, что это действительно отпечаток моих свойств, и я силой своей мысли могу изменить эту реальность.

Вопрос: Как мне узнать, что точка в сердце, шестое чувство проснулось?

Если человек чувствует, что кроме телесных наслаждений – блаженства от еды, секса, семьи, то есть удовольствий, к которым тянутся и животные, и кроме человеческих наслаждений – от денег, почестей, знаний, стремление к которым просыпается только в обществе, его тянет к чему-то более возвышенному, что является источником жизни, то он не сможет успокоиться, не узнав истинной причины своего существования.

Трудно передать подобное ощущение словами, его надо почувствовать. Однако желание узнать, для чего он живет – иначе, он вообще не ощущает счастья, – и называется точкой в сердце. Такое желание в каббале называется страданием, как в случае любого желания, которое он не может наполнить мгновенно.

Вы знаете, что «Учение Десяти Сфирот» – сочинение в шести книгах, которые написал Бааль Сулам – очень сложный материал. В «Предисловии к Учению Десяти Сфирот» он пишет, что эти книги, и вообще вся каббала предназначаются для тех людей, у которых просыпается вопрос «в чем смысл жизни?».

«В чем смысл жизни?», то есть просто-напросто, что такое жизнь, для чего я живу? Он возникает не только оттого что мне плохо, а потому что я хочу знать это. Впервые такой вопрос почти каждый человек задает в возрасте 8–10 лет. На самом деле это и есть то время, когда пора начинать обучать ребенка каббале. Иначе этот вопрос забывается, аннулируется, скрывается за разными вторичными вещами.

Хотя этот вопрос и присутствует постоянно где-то в нас бессознательно, но мы не хотим его принимать во внимание. Поскольку думаем, что на него изначально нет ответа. Однако это не так, ответ на этот вопрос есть, и он находится именно в трудах каббалистов.

Встав однажды, вопрос этот потребует у каждого из нас, чтобы мы разрешили его для себя. Без этого мы – не люди. Если у человека есть подобное «давление» изнутри, значит, у него есть и точка в сердце.

Как ощутить свой эгоизм

Вопрос: Всегда ли решимо проявляется и ощущается как эгоистическое желание?

Решимо у нас, конечно же, пробуждается в виде эгоистического желания. Мы обладаем общим желанием наслаждаться, это наша природа. Внутри нее действуют решимот, указывая на то, чем именно нам наслаждаться. Они постепенно по причинно-следственной цепочке поднимаются в нас с каждым разом все больше и больше. Это означает, что мы растем в своей жизни год от года, из перевоплощения в перевоплощение, с начала творения и до состояния Бесконечности в его конце. Все это – цепочка решимот в каждой из душ.

Решимот пробуждаются одно за другим, последовательно проводя нас через череду состояний. Не в силах изменить данные состояния, мы можем лишь ускорить процесс развития, понять его и согласиться с ним. Тогда мы будем чувствовать и воспринимать его со стороны Высшего света, а не так, как ощущают его в этом мире люди, не обладающие постижением.

Никто не может менять состояния, однако совсем другое дело, если я сам хочу прийти к следующему состоянию, развиваясь навстречу цели. Тогда продвижение угодно и желанно для меня, это приключение, это наслаждение. Если же я не хочу идти вперед, не знаю пути, тогда оно кажется мне плохим. Проклиная все творение и Высшую силу, я уподобляюсь животному, которое стегают, чтобы оно двигалось вперед. Удары эти побуждают меня через коренные вопросы достичь такого состояния, в котором я пожелаю развиваться. Именно это и происходит сейчас с человечеством.

Вопрос: Почему с увеличением эгоизма не увеличивается соответственно ощущение величия Цели?

С увеличением эгоизма человек падает в него, откуда же у него может быть ощущение величия Цели? Над величием Цели при падении в эгоизм ты должен работать сам. Человек находится на нейтральной линии – падает вниз – это падение дано ему свыше. Теперь из этого падения он должен найти в себе силы подняться, реализовать его в положительную сторону, и тогда это падение обращается инверсно в подъем.

Это работа наша. Ты думал, что одновременно с падением получишь больше ощущение величия Творца? Над чем же тогда ты будешь работать? После того как у меня есть ощущение величия Творца, соответствующее моему падению, – это уже не падение. Мне уже не надо заниматься вообще ничем другим. Вся наша работа в возвеличивании Творца.

Если Творец превалирует над всеми остальными в моем представлении, тогда я согласен, я иду вперед к Нему и для меня это легко и просто. Вся наша работа – над тем, чтобы Он был для меня важнее, чем все остальное. Я желаю, чтобы в любой момент Его образ подавлял все остальные образы, ощущения, которые только есть передо мной: положительные, отрицательные – не важно какие.

Моя забота в том и состоит, чтобы возвысить, раздуть, развить Его образ в моих глазах настолько, чтобы все остальное просто не воспринималось. Точнее, воспринималось как исходящее от Него, как сформированное Им.

Вопрос: Как быть, если ты не ощущаешь свой эгоизм?

К сожалению, так бывает очень часто. Это подобно очень сложным и очень тяжелым болезням, которые вовремя не обнаруживаются. Они съедают человека, буквально пожирают. Самая большая задача медицины состоит в том, чтобы распознать, обнаружить их на ранней стадии, тогда с ними еще как-то можно справиться.

Так вот, как бы нам поскорее выявить наш эгоизм и начать процесс оздоровления? Я еще раз говорю, это возможно только под влиянием окружающей среды. Сидя дома с книжкой, вы этот эгоизм в себе не обнаружите, поверьте мне.

Вопрос: Как и когда каббалист познает, что только свет, привлекаемый во время учебы, исправляет его?

До махсома, когда он начинает стремиться к Творцу вместо наполнений нашего мира, человек видит, что сам он неспособен развивать это желание. Он не может ни ограничить, ни увеличить его. Разумом он хочет быть связанным с Творцом и готов подняться над этим миром, однако, мысленно фиксируясь на Творце, человек одновременно чувствует, что сердце его закрыто наглухо и неспособно ни на малейшую отдачу. Нужно, чтобы именно сердце стремилось, желало и любило. Сравни, например, как **ты** смотришь на чужого младенца, и как на него смотрит мать. Для нее это – вся жизнь, и в мире не существует ничего, кроме него, а для тебя просто какой-то ребенок. «Миленький», – говоришь ты без всякого чувства.

Подобно этому, у тебя нет никакого чувства к Творцу, хотя разумом ты понимаешь, что если не разовьешь настоящую страсть к Нему, – останешься без будущего. Тогда-то ты и обнаруживаешь, что чувство это от тебя не зависит. Ты нуждаешься в желании, которого у тебя никогда не было. Это очень-очень важный момент. Вдруг выясняется: «У меня нет такого желания. Ну что тут поделать?» На уровне мысли – да, а в ощущении – абсолютный ноль. Тем самым ты обязываешь Творца начать раскрывать тебе Себя. Пускай ты по-прежнему пребываешь в намерении ради получения, однако посредством маленьких подсветок Творец начинает преисполнять тебя страстью к Себе. В «Послании» Бааль Сулам пишет, что именно тогда и не раньше начинается «время чередования».

В свое время Учитель сказал мне: «Прочитай это Послание сто раз». Благодаря таким усилиям, благодаря такой работе ты начинаешь все больше и больше давить на нужную кнопку. Однако это поистине «потребность без потребности».

Вопрос: Какие желания мы можем исправлять, а какие нет?

Нет, человеческие желания, все, что относится к нашему миру – телесные и общественные, – мы не исправляем. Вы должны исправлять свое устремление к Творцу, и ни в коем случае не земные желания. Вопрос совершенно неверный. Наоборот, оставайтесь с ними! Устремление к власти, почестям, ваша гордость, чревоугодие, вожделение к богатству, жажда знаний, половые влечения – все что угодно – пусть будут иметь место.

Вы должны устремляться к Творцу над ними. **Над** ними, но не подавляя их! Они под вами будут преобразовываться, подниматься, опускаться во всех своих сочетаниях – пускай так и будет. Не ваше дело ими заниматься, ваше дело стремиться только к привлечению окружающего света.

Настройка на Творца

Вопрос: Как правильно настроиться на Творца? Существует ли проверка такого ощущения?

При правильной настройке тебя систематически сверху донимают всевозможными помехами. Они могут восприниматься твоим эгоизмом как приятные, хорошие или плохие – не важно какие, но это помехи. Они вызывают побуждение отключиться от фона Творца, перестать удерживать Его в памяти, в ощущениях, в мыслях, не чувствовать, что ты находишься в мире Творца, под Его управлением. Однако ты можешь мгновенно справиться с этой помехой. Что и является подтверждением того, что ты в хорошей форме.

Вопрос: Что означает слияние с Творцом?

Слияние достигается путем уподобления свойств. Подобие в суждениях, вкусах, мыслях, обуславливает меру сближения и продолжается до тех пор, пока мы не приходим к такому состоянию, которое называется слиянием. Однако Творец сокрыт. Откуда же мне знать, к чему следует приближаться? Если бы у меня был список качеств, присущих Творцу, если бы я был уверен, что понимаю их и могу, изменив себя, измерить, проверить, реально ли мое изменение – тогда я сблизился бы с Творцом настолько, что, возможно, начал бы ощущать, видеть и понимать Его, обмениваясь с Ним мнениями и мыслями.

Однако Он сокрыт. Я могу представлять себе Его во всевозможных образах – и ошибаться. Что же делать? Как человеку избежать ошибок? В мире множество людей, которые вряд ли отказались бы от предложения объединиться с Высшей силой. Это наполняет человека вечностью и совершенством, он не чувствует различия между жизнью и смертью, поднимаясь выше этих состояний. Кто не согласился бы на такое?

Что же делать человеку, задающемуся вопросами о том, что с ним происходит? В этом-то и состоит проблема.

Отличие каббалы от всех остальных методик в том, что она представляет собой науку, мудрость! Человек не только испытывает ощущения, но также измеряет и регистрирует их. Он может вернуться к пережитому ощущению и передать свои наблюдения другому. Если тот другой является каббалистом, и у него есть «инструменты» и понимание, то он способен воспроизвести в себе переданное ему ощущение, как музыкант, читающий по нотам чужое произведение.

Так вот, вопрос в следующем: действуем ли мы лишь на основе своей способности фиксировать и относиться к этому как к науке? Если ощущение четко не измеряется и не регистрируется нашими точными внутренними инструментами, оно не считается истинным. Мы не можем удостовериться в нем. Поэтому то, чем мы занимаемся, и называется «наукой каббала». «Наука» означает разум, интеллект, а «каббала» – это ощущение в сердце. Вот и все.

Вопрос: Каждый из нас – огромная Вселенная. Как мне настроиться на свет? Ведь в бесконечной Вселенной мое внимание может быть где угодно. Какова же правильная частота? Каковы мои координаты? На чем мне фокусировать свое внимание?

Хороший вопрос. По сути, он заключается в следующем: не зная ничего, в каком направлении мне себя ориентировать? Что я должен искать? Чему мне следует уподобляться, что делать? Иными словами: «Я сейчас нахожусь в определенном состоянии. Каким должно быть мое следующее состояние, чтобы оно верным путем вело меня к конечной цели?»

Только Высший свет может правильно повлиять на вас, дав вам следующее состояние, в котором вы будете ближе к нему. То есть он притянет вас к себе.

Однако как вам вызвать такое воздействие Высшего света? Вам нужно каким-то образом представить себе следующее состояние. Вы можете прочитать о нем в книге, автор которой уже прошел данные состояния и описал их. Тогда вы, приблизительно, узнаете о своем следующем состоянии и испытаете некое желание достичь его. От вас не требуют досконального, как от ребенка не требуется точного знания изучаемого предмета. Однако, схватывая то одно, то другое, желая заполучить все сразу и прикладывая старания, он учится. Так происходит и в материальном, и в духовном измерении.

Следовательно, проблема состоит в том, чтобы найти книги, которые правильно, уровень за уровнем, описывают все ступени нашего развития.

Я много искал, но, как ученый, не верил во всевозможные неточные методики, рекомендующие положиться на ощущение и руководствоваться тем, хорошо или плохо я себя чувствую. Из окружающей жизни я видел, что хорошее ощущение, как правило, ошибочно и обманчиво. В итоге оно оставляет меня пустым.

В нашем мире человек может с уверенностью положиться на науку. Какой бы сухой, какой бы далекой от души она ни казалась, тем не менее это нечто надежное. Потому вопрос мой был таков: как совместить науку с душой, с ощущением? Как встать на путь развития, которое можно научно измерять, проверять и верно устремлять?

К примеру, доктор делает укол раздраженному, выведенному из себя человеку, и тот успокаивается. При этом врач может измерить и сравнить оба состояния по таким параметрам, как электрические импульсы, жидкости, электролиты в организме и прочее. Он знает, какой препарат вводит пациенту, и насколько он успокоил протекание тех или иных внутренних процессов. Человек испытывает ощущение, однако ощущение его поддается измерению.

Так вот, каким образом можно быть одновременно тем, кто чувствует, и врачом, физиком, химиком самому себе? Ведь иначе я могу ошибиться: приму наркотик, впаду в блаженство и тем самым положу конец всему. Следовательно, мне нужно отыскать методику, сводящую оба этих фактора в одно целое и исключающую возможность ощущения без замера, без понимания и постижения. Необходима своего рода «научно-духовная методика», по которой человек изучает свою душу: из каких сил она состоит, как можно управлять ими, точно замерить, зарегистрировать и возвращаться по желанию к любому явлению из списка. Таким и должно быть продвижение.

Если человек знает, каково его текущее состояние и к чему он должен прийти, может измерять данные факторы, то это позволяет ему безошибочно продвигаться вперед. Так я и нашел каббалу, не питая доверия ни к каким иным чувственным методикам, занимаясь которыми, люди витают неизвестно где. Я не верил всем этим ощущениям, поскольку они представляют собой беспочвенное фантазирование. Хорошее ощущение может быть вызвано огромным множеством причин – этого недостаточно для того, чтобы поверить основанной на нем методике.

Вопрос: Тогда что значит «слиться с Высшим»?

Не жить внутри ощущения пустых сосудов, внутри посторонних мыслей, путающих человека и раз за разом как будто бы предоставляющих ему возможности для наслаждения. Снова почести, деньги, физические наслаждения, и т.д. Человек все время видит, что они отключают его от цели, и приподнимается над ними, а приподнявшись, в следующее мгновение падает вновь. Кроме того, если человек действует последовательно, он учится сливаться с Высшим и использовать то, что нужно из всевозможных наполнений, которые предлагает ему снизу этот мир. Такова учеба.

Больше мне добавить нечего. Остальное приходит уже с личным опытом.

Вопрос: Откуда человек может знать, как уравновесить себя между материальной жизнью и духовной?

Человек не знает этого. Он учит в процессе исследования действительности, что существуют пять миров: нижний – наш материальный мир, и остальные миры – духовные, где нет материи, а есть только желания, силы, мысли. Если в нашем мире нам и кажется, что мы можем властвовать над материей, то тот, кто поднимается хотя бы на одну ступень над нашим миром, уже понимает, что материя – это следствие, и она приводится в действие свыше.

Мы не можем властвовать над материей. Внутри человека находится вся информация о его будущем: на ком он должен жениться, где будет работать, какую профессию выберет. Все записано внутри его решимот, уже существует в нем. Если человек хочет изменить предначертанное, он должен подняться на ступень, расположенную выше его уровня, откуда все уготовленное ему «вживили» в него свыше по мере того, как оно спускалось сверху и входило в его тело. Только когда человек достигает корня, он может что-то изменить.

В нашем же состоянии мы никогда не сможем ничего в этом мире изменить. Посмотрите на историю всего человечества, на всех людей. Человек может быть бедным, богатым, сильным, здоровым, умным, но он не в состоянии ничего сделать со своей жизнью. Поговорите со стариками, спросите их. Они скажут: «Жизнь прошла». Никто не властен над материей. Напротив, на сегодняшний день мы пришли к такому состоянию, когда весь мир со всей его технологией, экономикой и всем, что только возможно, находится в полном непонимании, как существовать дальше, что делать, как взаимодействовать с окружающей действительностью, как спастись от этого непонимания.

Мы находимся в состоянии, наиболее удаленном от равновесия. Чем же помогает нам кажущаяся власть над материей? Ничем, поскольку материя сама управляема. Это значит, что до того, как мы приобретаем знание и силу существовать и изменять что-либо с уровня чуть выше материального, не будет у нас ни одной секунды покоя, и мир будет казаться все хуже и хуже, из поколения в поколение.

Вопрос: Как можно знать, что на самом деле хорошо для нас еще до того, как мы перейдем махсом, постигнем законы Мироздания?

Мы действуем, исключительно исходя из того, что гонимся за наслаждением или бежим от страданий. Мы не выбираем, как развиваться, куда идти, Управляющая Сила воздействует на нас таким образом, что мы вынуждены избегать плохого, чтобы прийти к хорошему. Внезапно как бы издалека мы начинаем осознавать, что хорошим, добрым называется отдача. Однако мы не желаем ее, но начинаем воспринимать как добро в результате множества перенесенных страданий.

Никто сверху не будет ждать, пока мы поумнеем и, возможно, добром достигнем свойства отдачи, станем хорошими детьми... Нет! Природа – сила очень жестокая, весьма педантичная, действующая, как все естественные силы, скажем, как сила трения или тяготения. Вы можете, не соглашаясь с ней, кричать сколько угодно, но попробуйте прыгнуть с десятого этажа, посмотрим, что с вами случится... То же самое и здесь: мы продвигаемся, лишь убегая от страданий. Если у нас появится разум, то мы сократим страдания и успеем продвинуться до того, как они нас настигнут.

Вопрос: Цель творения – изучать всеобщий закон и в процессе освоения принимать на себя его выполнение? Разве одного изучения недостаточно?

Нет, изучать – достаточно. В процессе изучения ты постепенно начинаешь приобретать природу этого закона. К примеру, изучая геометрию, ты не должен становиться похожим на треугольник или круг. Однако когда ты осваиваешь каббалу, то хочешь или не хочешь, начинаешь получать от того материала, который учишь, излучение некоторой силы, улучшающей и исправляющей тебя.

Эта сила – есть «свет, возвращающий к Источнику». Приходит свет и изменяет, исправляет человека. Почему? Мы начинаем ощущать закон, и в силу того, что мы постоянно его изучаем, он начинает как будто светить нам, что, соответственно, и изменяет нас. Тогда, не думая и не делая расчетов, мы поднимаемся над несчастьями, переходя к более удобному, хорошему существованию: к умиротворению и покою.

Нас уже не беспокоят проблемы, которые тревожили прежде, потому что закон, которому мы стараемся уподобиться, действует таким образом, что – вольно или невольно – мы начинаем считаться, так сказать, с «хозяином магазина». Это происходит по его инициативе – нам даже не надо делать расчетов на то, сколько мы должны взять, вернуть, и как нам следует себя вести. Мы не способны делать подобные расчеты, это **уже находится** внутри нас.

Так же, как мы автоматически знаем, как ходить, вести себя в этом мире, чтобы не пострадать, так же естественно мы начинаем соблюдать тот общий закон, который называется условиями Хозяина. Наши отношения становятся правильными, и тогда мы все можем взять из «магазина», и будем знать, как это сделать, чтобы не чувствовать, что возвращаем. То есть мы будем просто выполнять установленный закон.

Каббала дает человеку возможность жить хорошо, вечно спокойно, не чувствуя, что он должен для этого утруждать себя. Знание этого закона исправляет нас, приводя в соответствие с ним.

Скажем так, закон гласит: «Запрещено воровать», но, изучая каббалу, тот самый закон, мы просто становимся такими, что не хотим воровать. Для этого нам уже не нужно делать усилие, жизнь не кажется горькой оттого, что он ограничивает нас в чем-то. Поскольку закон исправляет нас, мы ощущаем себя свободными.

Наша природа становится подобной его природе, и мы чувствуем себя свободными, как у себя дома. Почему? Там все свое, мы знаем, как себя вести, нам все знакомо. То же самое здесь. Только в то время, пока мы изучаем закон, но еще не прониклись им, это причиняет нам беспокойство.

Я представляю, что многие могут подумать, будто я читаю им мораль, и что здесь присутствуют сплошные ограничения. Нет! В конце концов, нам не нужно ничего. Верно, объяснения того, как закон воздействует на нас, даются в весьма жесткой форме, но когда мы изучаем каббалу, она исправляет нас так, что впоследствии от нас не требуется никакого усилия.

Творец любит нас?

Вопрос: Можем ли мы избежать неприятностей, если своим развитием опережаем вынуждающую силу?

Без всяких проблем. У нас не должно быть никаких неприятностей, ничего плохого. Бааль Сулам объясняет, что все неприятности даются нам только для того, чтобы показать, что мы не соответствуем общему закону, то есть Хозяину, и как правильно взаимодействовать с Ним.

Если спросить: откуда известен мой счет, на это есть ответ: «книга открыта, и пишет рука». То есть существует «общая книга», куда записывается каждое действие, без исключения. Смысл этого в том, что существует встроенный Творцом в природу человечества закон развития, который всегда подталкивает нас вперед.

То есть хотим мы или не хотим, но все человечество продвигается. Мы уже говорили о том, что наша суть – это желание получать, и это единственное, что есть в нас, вся наша природа. Желание получать все время развивается, становится все больше и больше. В соответствии с тем, что оно растет, закон развития давит на нас все сильнее и сильнее.

Мы видим, что животные не страдают так тяжело, как люди. Посмотрите, как человек мучается последние несколько десятков или сотен лет. Зная историю человечества на протяжении, скажем, ста двадцати лет, мы видим, какие страдания выпали на его долю, а для животных это была обычная жизнь.

В соответствии с развитием желания получать еще 200–300 лет назад человечество страдало намного меньше, чем на протяжении последних ста лет, но все это – ничто по сравнению с тем, что, не дай бог, может ожидать нас в будущем. Увеличение страданий происходит в полном соответствии со ступенью развития человечества, потому что воздействие на нас всеобщего закона развития становится более ощущаемым как отрицательное. Это то, что Бааль Сулам говорит о законе развития.

Сказано: «Каждый, кто хочет взять взаймы, пусть придет и возьмет». Мир – не открытый магазин, оставленный без хозяйского глаза, а есть в нем хозяин-лавочник, который требует с каждого берущего плату, цену, соответствующую товару, который ты возьмешь с прилавка. Это означает, что человек должен стараться выполнять работу Творца в течение того времени, пока пользуется этим магазином, который, таким образом, гарантирует достижение цели творения.

Это означает, что существует Цель творения, и мы обязаны жить в этом мире. Однако если мы получаем от этой жизни все, не принимая во внимание Цель, то мы не движемся по той самой линии, которая к ней ведет.

Вопрос: Почему можно просить Творца только об исправлении, а не о том, чего действительно желает человек?

Мы должны понять, что никакая мольба, кроме просьбы о духовном исправлении, не принимается во внимание наверху. Другие просьбы (например, о дожде в пустыне) хотя и «рассматриваются», но на материальном уровне, на уровне «животное», а не «человек», потому что речь идет о теле.

Подобные просьбы любого просящего, соединяясь с просьбами всех уровней творения: неживой, растительный, животный, говорящий, поднимаются к общей душе (Шхина). Во всех случаях страдания влияют на Высшее управление. Однако отличие просьб о животном существовании и о духовном исправлении состоит в том, что ответ свыше приходит на соответствующем уровне – материальном или духовном.

На материальном уровне ответ может быть и противоположный, потому что он – целенаправленный, то есть направляющий к цели творения, к исправлению. Поэтому в ответ на просьбу об облегчении может произойти еще большее давление, чтобы довести воздействие до желательного результата, чтобы творение поняло, что необходимо просить не об облегчении, а о «поумнении».

Однако просьба изучающего каббалу (даже если она еще не о духовном исправлении) все равно является следствием учебы, а потому вызывает духовный ответ, то есть его нисхождение, исправляющее человека.

Происходит это потому, что призыв, желание, вызванное в результате учебы, достигает корня, места, откуда низошла душа человека. Эта молитва, то есть ощущение недостатка Высшего света, включается в корень и привлекает оттуда свечение в душу, облаченную в тело в нашем мире, вызывая тем самым ее стремление к сближению с корнем.

Человек идет или дорогой страданий – по цепочке решимот от разбитых келим, или дорогой духовного возвышения – по цепочке решимот видов света, когда он просит исправления.

В любом случае необходимо понять, что просьба, даже исходящая из сердца, но о материальном (хоть и молитва о жизни) несравнимо слабее «искусственной», не из глубины сердца, просьбы о духовном исправлении. Хотя первая просьба – результат настоящей боли, а вторая вызвана, например, впечатлением от прочитанной каббалистической статьи.

Вопрос: Как можно ускорить свое развитие?

Существует Творец и творение. Творение проходит всевозможные состояния, от начала истории человечества до сегодняшнего дня и далее, до конца исправления. Мы живем в этом мире и будем еще не раз возвращаться в него, как было ранее. Из одного жизненного оборота в другой мы внутренне развиваемся, и во всем этом процессе заложена цель. С определенной ступени, с какого-то кругооборота человек начинает быть активно задействованным в своем развитии. Как он узнает об этом? В соответствии с призывом свыше, который он слышит в своем сердце, словно кто-то тащит его куда-то или толкает к чему-то.

Человек должен теоретически знать, что такие вещи существуют. Тогда это ускорит его развитие, ведь в тот момент, когда это случится с ним, и вообще благодаря тому, что он знает, что такое существует, он вызывает на себя свечение извне, которое ускоряет его развитие. Поэтому желательно и даже необходимо, чтобы в школах изучали основы каббалы – благодаря этому дети ускорят свое «животное» развитие. Человек не должен будет проходить 10–15 жизненных кругооборотов, вместо этого он пройдет то же развитие за 1–2 кругооборота.

Обязательно ли нам страдать?

Вопрос: Возникают ли в человеке решимот от материальных страданий, даже если он идет путем духовного возвышения?

Нет. Если человек идет путем духовного возвышения, он идет по цепочке решимот различных видов света. Когда-то, до разбиения, существовало единое кли со светом. Вследствие разбиения они разделились на решимо света и решимо разбитых экранов (келим).

Решимо света находится вверху, в мире Ацилут над парсой, и светит оттуда. Это воспоминание о заполненном некогда кли. Человек стремится к тому свету, к той мере отдачи, к тому отношению Творца, хотя и не может в точности представить, что это такое.

Решимо разбитых экранов (келим) вызывает жалобы, человеку плохо, он обвиняет Творца, не старается думать об исправлении, а мечтает только избавиться от страданий. Даже если бы человек искусственно стремился быть причастным к пути духовного возвышения, исправления, он резко изменил бы свое восприятие мира. Как сказано в одной хорошей притче: я слышал, что есть царь, и кто находится возле него, хорошо зарабатывает, здоров и счастлив, а я себя ощущаю загнанным в угол, поэтому вместо того, чтобы плакать о моем сегодняшнем состоянии, я – ради получения хорошего – буду просить о том, чтобы быть рядом с царем. Это уже продвижение.

Вопрос: Как это проявляется в нашем мире?

У нас, находящихся ниже духовного уровня, действуют законы, как в мире Бесконечности. Наш мир похож на мир Бесконечности до Сокращения, так как наш мир – это та же часть мира Бесконечности, на который не действует Сокращение, поэтому говорится, что он находится внизу, под махсомом.

От мира Бесконечности до махсома, до нашего мира, не включая его, действуют духовные законы, а в нашем мире нет, и можно получать ради получения. Так же, как в мире Бесконечности получен всего лишь свет, это только внутреннее получение, а не ощущение Творца, всего лишь наслаждение, приходящее от Него, но это наслаждение уже является средством, благодаря которому можно развить связь с Создателем.

Получающее кли не может получить больше определенного вида света. Это его природа. Оно не чувствует своей ограниченности относительно духовности. Только неживой уровень может наслаждаться этим микросветом.

Творец заботится обо всем, и в любом случае духовная сила приведет мир к состоянию полнейшего совершенства, то есть абсолютного соответствия Высшему миру. Разница лишь в том: ты решаешь это сам, или за тебя это делает духовная сила.

Духовная сила уже совершила над тобой все предварительные действия: ты окончил учебное заведение, устроился на работу, тебя уволили, устроился снова, женился – тебе кажется, что ты сам совершаешь эти поступки, все решаешь и делаешь. Однако быть действительным участником этого процесса ты можешь, только войдя в Высший мир. Именно этого Творец от нас требует – чтобы наша материальная и духовная жизнь совпадали.

Исправленный мир – это не коммунизм, который нам хотели преподнести. Исправленный мир – это мир, которым управляет человек, используя свое знание высших законов, что и есть самое большое наслаждение, которое только может быть. Ведь эта работа подстать Творцу! Когда ты включаешься в такую работу, ты в точности постигаешь Его Суть.

Проблема сосуществования народов не исчезнет сама собой, а из года в год будет становиться все более острой. Необходимо довести это до сведения людей. Если они узнают о существовании связи между изучением каббалы, осознанием Цели Творения и своим материальным состоянием, уверенностью, удачей – это уже хорошо. Я бы сказал, что большую часть работы можно считать проделанной. Остальное довершит Творец – создаст необходимые внешние условия, страдания, которые вынудят человека реализовать полученную каббалистическую информацию.

Люди должны получить эту информацию. Природа такова, что необходимое все равно придет и потребует своего претворения. Ты не сможешь скрыться от нее, она все равно вернется в том или ином виде и потребует своего воплощения.

Человек готов заплатить за свое здоровье, наслаждение, покой, учиться, совершать усилия, если он знает, что затем насладится. Все определяют цель и расчет: ради чего необходимо совершить усилие.

Вопрос: Так в чем же конкретно разница между путем страданий и путем каббалы?

Разница в том, что, идя путем каббалы, мы ускоряем время. Вместо того чтобы возвращаться в этот мир многократно в своих перевоплощениях, ты можешь так сократить время, что за несколько лет в течение этой своей жизни закончишь весь путь страданий. Дорога страданий, но пройденная за очень короткое время, – это и называется путь каббалы.

Если ты развился до такого состояния, что, начиная с него и далее, идешь осознанным путем, понимаешь, что с тобой происходит, значит, ты закончил дорогу страданий, по которой шел раньше. У каждого есть определенная точка в развитии, в одном из круговоротов души, когда человек приходит к состоянию партнерства, и развитие уже не может продолжаться в неосознанной форме, как у животного, которое просто проживает свою жизнь.

Сейчас его как раз и приводят к осознанию этого, и теперь нет у него выбора! Человек не может вернуться к своей прежней животной жизни, которой жил прежде. Ему просто не дадут!

Вопрос: Что значит «не дадут»?

Все очень просто: сейчас человеку дают такую меру страданий, что он вынужден, наконец, сделать выбор. Страдания, боль заставляют его. Это напоминает поведение больного человека – пока боль не так сильна, он храбрится: «А ничего особенного, ерунда...» Когда же случается приступ, он стремглав бежит в больницу за помощью.

Если человек уже пробудился, в нем, так сказать, «заговорила» точка в сердце, то у него появляется и возможность некоторого выбора. Он может его оттянуть, конечно, на несколько лет или до какого-то другого кругооборота. Однако в конечном счете, начиная от этой точки и дальше, избегая осознанной работы, человек вообще просто перестает продвигаться. Жизнь идет, а он словно топчется на одном месте – только годы сменяют один другой, а он ни на шаг не продвигается по пути к исправлению, но ведь все равно потом придется начинать...

От этой точки и дальше уже обязана начаться осознанная дорога, когда человек знает, что он делает, и участвует в этом, его действия более целенаправленны и т.д. Как говорится, «Поднимают в святости, но не понижают». Не может случиться, чтобы человек, однажды поднявшись, мог «спуститься», вернуться к той жизни, которая была у него прежде. Продвижение может быть только в одну сторону – по направлению к Цели.

Вопрос: Можем ли мы себя убедить в том, что мы страдаем от отсутствия свойства отдачи?

Нет. Ни в коем случае каббала не говорит о том, что человек должен страдать. Ни в коем случае эта наука не утверждает, что человек должен себя в чем-то убеждать.

Мы говорим, что нет насилия в духовном. Насилием называется любое принуждение себя якобы уподобиться Высшим силам.

Вопрос: Должен ли человек оправдывать страдания – оправдывать Творца?

Я не могу Его оправдывать, ощущая страдания. Это ханжество, это ложь, лицемерие. Меня бьют, а я буду говорить: «Какой Ты хороший». Чем это поможет? Нет более лживого состояния. Творец знает все, что ты о Нем думаешь.

Поэтому и говорится «нет насилия в духовном». То есть до тех пор, пока ты не изменишь сердце так, чтобы оно начало думать именно таким образом, все остальное, что не по сердцу, – это насилие. Поэтому деваться некуда, надо делать исправления внутри самого сердца.

Над самим сердцем ты не хозяин – его сделал Высший свет, он его может изменить. Значит, тебе надо каким-то образом заставить Высший свет сделать это изменение. Надо действительно заставить по принципу: «Победили меня сыновья мои».

Что означает этот принцип в каббале? Только в той мере, в которой ты на самом деле нуждаешься в исправлении, оно в тебе появляется. Иначе опять-таки нарушается тот же принцип «нет насилия в духовном».

Каким же образом я могу достичь такого желания, если я нахожусь в противоположном свойстве? Вот для этого у тебя и существует: с одной стороны – окружающий свет, Ор Макиф, и с другой стороны – единомышленники.

Окружающий свет дает тебе кондицию, состояние, в котором ты должен быть на следующей духовной ступени. Коллектив – как детский сад, в котором ты стремишься быть взрослым, равным высшей ступени. Если ты занимаешься этим и пытаешься быть равным этой ступени, в этой мере ты с нее вызываешь окружающий свет. Тогда в тебе и возникает желание к исправлению, которое называется «поднятие МАН», и тогда приходит сверху свет исправления, и тебя исправляет.

То есть никоим образом страдания не должны ощущаться как нечто положительное. Страдать и благодарить – невозможно. Это только в нашем мире возможно, потому что это вранье.

Поэтому самый первый этап нашего обучения состоит в том, чтобы начинать ощущать свое сердце, все глубже и глубже вникать в него, чтобы видеть, что на самом деле я чувствую изнутри.

Потому что снаружи человек себя обманывает постоянно. Ты же видишь, как люди говорят: «Да я все отдаю! Да я такой!..» – от чистого сердца, потому что он свое сердце-то не чувствует, поэтому он так себя и видит.

Ты должен углубиться на четыре стадии внутрь сердца, начать чувствовать его таким, какое оно на самом деле, и уже относительно него начать ощущать окружающий свет.

Дорога, конечно, нелегкая, но другого пути все равно нет. Все пройдут, никуда не денутся. Никуда. Высший свет воздействует на все желание, которое создал, – сначала на более близкие к нему души, потом на более удаленные от него, но все проходят.

О тех, кто раньше проходит к свету, ты можешь сказать, что они выигрывают, они меньше страдают. Есть люди, которые закончили свое исправление пару тысяч лет назад (есть такие души), они не пережили столько страданий, войн. Сколько кругооборотов за это время мы сделали?

Каждое поколение – это души прошлого поколения, которые приходят и снова вращаются здесь, в этом самом худшем из миров. Ну и что дальше? Кто-то уже две тысячи, три тысячи лет назад закончил со всем этим. А чего это ему так везет?

Есть души как бы более прозрачные, они ближе к свету, быстрее заканчивают свое исправление. Есть души, которые должны столько страдать, как мы. Есть и такие, которые когда еще завершат свой процесс исправления!.. Мы-то хотя бы уже в начале пути, а они еще и на подходе не находятся. Что же делать? Где справедливость?

Справедливость в том, что когда ты начинаешь свое исправление, ты должен включиться во все остальные души и тащить вместе с собой их эгоизм. Поэтому получается, что все делают совершенно одну и ту же работу.

Есть те, которые впереди, но все равно они проделывают ту же работу, что и те, кто сзади. Есть те, которые сзади, но им не надо уже проделывать эту работу за тех, кто еще за ними, потому что за ними, может быть, уже никого нет. Зато они самые последние.

То есть имеются такие, кто больше перестрадал в жизненных кругооборотах, а есть те, которые перестрадали больше не в кругооборотах жизни, а в своей духовной работе, привлекая к себе неисправленные желания всех остальных. То есть все равно одно компенсируется другим – справедливость абсолютная.

Вопрос: Исследования генома привели к открытию, что характер человека заложен в генах. Как же в таком случае винить его в грехах? Значит, свободы выбора все-таки нет?

Естественно, характер человека задан природой и ни в коем случае не относится к его сути. У животных – в каждом виде и в любой особи – тоже проявляется свой характер. Поговорите с теми, кто имеет дело с животными, и они вам расскажут, какие непростые у них бывают характеры, не менее сложные, чем у людей.

Дело в том, что характер – это постоянная составляющая человека. Можно стать кем угодно, но характер останется прежним. Он не меняется, а только становится менее выпуклым, что ли, в зависимости от ограничений, сил, возможностей и прочего.

Грешит человек не из-за своего характера, а от незнания истины. Если бы знал, не грешил бы. Вообще нет такого понятия – «грех». Человек всегда поступает в соответствии с тем состоянием, в котором находится: если Творец скрыт от него, то человек совершает поступки, которые ему диктует только его эгоистическая природа. Что же еще он может принять во внимание?

Если Творец открывается, то по мере ощущения Творца, Его силы, человек исправляет свои поступки, то есть действует, исходя из новых данных. Таким образом, раскрытие Творца – единственная возможность не грешить. Это и есть то, что дает изучение каббалы: раскрывает перед человеком Творца, и тогда он видит, как правильно поступать. Все поступки, совершаемые до раскрытия Творца, называются «грех», а наказание за них – ощущение неправильности поступка, осознание отрицательного состояния, которое помогает человеку выйти из него.

Теперь о свободе воли: можно ли говорить о свободе воли у животного? А у человека?

Если мы будем знать все параметры человека: его характер, состояние здоровья, настроение, окружение и то, как оно на него воздействует, то мы сможем точно предсказать любую реакцию на любую ситуацию. Где же свобода воли, для чего она? Почему мы не ищем ее у животных?

Свобода воли возможна только в том случае, если у человека есть возможность поступать против своей природы, вопреки ей. Для этого он должен быть совершенно свободен от нее, то есть от себя. Быть как бы «вне себя», иметь возможность оценить себя со стороны, чтобы независимо решить и поступить.

Однако что значит быть вне своей природы? Кроме человека, в творении есть только Творец. Если человек в придачу к своим собственным приобретает свойства

Творца, причем настолько, что может быть независим от тех и от других, то он сможет стать действительно свободным в своем выборе. Быть или самим собой, или как Творец. Третьего не дано. Отсюда ясно: чтобы обладать свободой воли, нужно стать каббалистом – получающим свойства Творца.

Вопрос: Что означает истинное совершенство? Достижимо ли оно?

Это совершенство необъяснимо! Но достижимо! Можно его характеризовать. Совершенство может быть только одно. Если речь идет хотя бы о двух идеальных состояниях, то одно из них (или ни одного) не является совершенством. Поскольку Творец Единственный и наивысший, то совершенство – это состояние Творца. Достичь его – в этом состоит задача человека. Достижение совершенства – и есть предназначение человека.

Все, что отличает человека от животного, – это наличие у первого свободы воли. Как сказано: «И выбери жизнь», где под жизнью понимается слияние свойствами с Творцом. Более того, в «Предисловии к Учению Десяти Сфирот» говорится, что выбор заключается не в избрании пути, это за человека делает Творец, потому что к цели творения ведет только один путь. Исправление эгоистического свойства на альтруистическое происходит с помощью каббалы. Сказано: «Я создал Зло (эгоизм), и Я дал вам Тору для его исправления». Свобода воли человека, то есть единственное, что он может делать независимо, а не под диктатом своего животного эгоизма, проявляется в том, чтобы правильно выбрать общество, в котором он будет находиться.

Вопрос: Если Творец желает нам добра, то почему посылает страдания? Что должен сделать человек, чтобы меньше страдать?

Страдания вызываются нашим неправильным отношением к природе. Разве мы можем грамотно обращаться со сложной машиной, если не знакомы с ее устройством, не знаем, каким образом ею управлять? Наше сосуществование с природой подобно взаимодействию человека со сложным механизмом. Однако мы не знаем устройства природы, не умеем на нее воздействовать таким образом, чтобы получить оптимально положительный для нас результат, реакцию на свои действия.

Нам ничего не остается, кроме как: или продолжать страдать, или изучить этот механизм, узнать, каким образом им управлять. Каббала – это наука об устройстве и управлении всей высшей и низшей природой, это естественная, практическая система знаний, которую, в конце концов, должно освоить все человечество.

Вопрос: В чем же смысл страданий, и может ли изучение каббалы помочь нам их избежать?

Я хочу начать ответ на этот вопрос со слов моего великого учителя Рабаша: «Зададим себе вопрос, который постоянно возникает у нас, но, несмотря на это, поражает и всегда застает врасплох, мы оказываемся неподготовленными к нему. Вопрос, который рассеивает словно дым абсолютно все возражения, возникающие против изучения науки каббалы, вопрос, встающий перед каждым, посетившим сей мир: «Для чего я живу? Что дают мне эти так тяжело проходящие годы моего существования, за которые мне так дорого приходится платить, в течение которых множество страданий никак не перекрываются немногими радостями, пока не заканчивает человек в полном изнеможении свое существование?!

Над этим вопросом задумывается каждый, посещающий этот мир. И, конечно же, великие умы в течение всех поколений поневоле и искренне размышляли над ним, страстно желая найти ответ. Однако так или иначе, этот вопрос, как и прежде, встает перед каждым во всей своей горечи, зачастую застигает нас врасплох, унижая человека отсутствием ответа на него, пока не удается нам найти всем известное «решение» – закрыть на него глаза, забыться, продолжать влачить свое существование, как и вчера».

Если мы попытаемся всерьез задуматься не о самих воздействиях на нас, а об их причине, то станем «человеком», а не «животным» (я заключаю в кавычки эти слова, потому что говорю о названиях уровней развития творения, которые изучает каббала). «Животное» же в состоянии реагировать лишь на болезненные и приятные ощущения, не проявляя ни малейшего интереса к причинам их возникновения и целям. Если мы поймем причину страданий, то сможем осознать события и изменить их, а не убегать, как животное, от ударов.

Итак, смысл всех страданий в том, чтобы вызвать в нас вопрос об их причине и цели. Причина и цель страданий могут трактоваться каждым из нас произвольно, в соответствии с собственными предпочтениями, склонностями и воспитанием, но каждый должен пытаться найти объяснения.

Распространение каббалы, ее изучение дает такую возможность – не в нескольких фразах, как я вынужден порой делать это в газетном интервью, а глубоко и подробно – изучить, понять, осмыслить причины и цели нисходящих на нас страданий и невзгод. Осознать, что они имеют совершенно определенные корни, что их источник – Творец, Который тысячелетиями посылает испытания всем и каждому с определенной целью, окружая нас ими, не оставляя надежды избежать их.

Работа Творца над нами преследует конкретную цель: последовательными отрицательными воздействиями развить в нас зрелое отношение к страданиям. Не пытаться избегать их, а осознав причину, использовать как напоминание о необходимости сближения с Ним. Если мы приподнимемся над ощущениями страданий до их причины, то вместо невзгод почувствуем Дающего, и они сразу же обернутся покоем и наслаждением.

Вопрос: И тогда эти страдания прекратятся?

Конечно! Творец ведет нас, как животных и маленьких детей, привлекая покоем и наслаждением, то есть используя специально для этого созданный в нас эгоизм. Однако постепенно, подъемами (положительными впечатлениями) и падениями (отрицательными впечатлениями) Творец приводит нас к желанию постоянной связи с Собой, к тому, в чем именно мы и нуждаемся. Если же мы еще не ощущаем этого, то непременно почувствуем именно с помощью отрицательных воздействий на нас.

В слиянии с Творцом человек должен искать обретение всего лучшего, вечного, совершенного. Почему именно в Нем? Потому что душа человека оттуда родом, она низошла из лона Творца, и поэтому, только будучи там, она наполняется ощущением совершенным и вечным. В каждый момент необходимо восстанавливать истинную картину: во всем происходящем есть только Он и я, а все «случаи», «ситуации» между нами Он создает с целью приблизить меня к Себе.

После того как человек, вынужденно избегая страданий в своем стремлении выжить, сближается с Творцом, он входит в совершенно новые ощущения: он начинает чувствовать, что связь с Ним сама по себе – вознаграждение, что она – благо независимо от животного страха, который ранее обязывал его к такой связи.

Человек ощущает, как постепенно «животное» уходит из него, спадает, как падает с плеч длинная рубашка, сходит с него, как шкура со змеи. Возникает иная потребность – необходимость внутреннего постоянного контакта с Творцом, вне зависимости от животного тела, вне зависимости от того, что оно ощущает. На данном этапе самое главное – упрочить это ощущение настолько, чтобы никакие помехи «животного уровня» не отрывали человека от Творца, никакие животные страхи и наслаждения не прерывали их внутреннюю связь, а наоборот, используя плотские страхи и наслаждения, человек (невзирая на них) укреплял бы связь с Творцом.

Однако вспомните костры инквизиции, погромы, фашизм... Сколько ужаса и отвращения они внушали. Пытки, варварские казни... как можно разглядеть за всем этим адом и страхом точку соприкосновения с Творцом – то, что тем самым Он притягивает нас к Себе, хочет, чтобы мы поднялись до уровня ощущения Его? Только подъем на ступень Творца, на уровень общения с Ним раскрывает перед человеком всю картину происходящего на протяжении столетий: разрушений, гонений, инквизиции, войн, катастроф, сегодняшней угрозы нашего полного уничтожения...

Вопрос: И все же, я не могу понять, почему средством насладиться Божественным, обрести Любовь Творец выбрал страдания?

Мы состоим из единственного созданного Творцом материала – «желания насладиться». Поэтому мы реагируем только на страдания, то есть только на отсутствие наслаждения. Причем если мы получаем наслаждение, то считаем, что так нам и положено, ведь состоим-то мы только из одного желания наслаждаться. Однако как только начинаем испытывать ощущение, обратное наслаждению, то есть замечаем его отсутствие, то это воспринимается нами как страдание – и тут мы немедленно спрашиваем себя: «За что мне это?»

Поэтому Творец и создал только желание насладиться. Ему этого достаточно, чтобы далее сотворить из него «Себе подобное». Как? Тем, что Он дает этому сотворенному Им «желанию насладиться» всевозможные ощущения Своего отсутствия, вызывая тем самым страдание. Страдания же подталкивают к движению, к усилиям от них избавиться, то есть наполниться наслаждением – собственно Творцом.

Почему именно через страдания? Для того чтобы мы сами захотели наполниться Творцом, осознав, что без Него мы страдаем. В этом и заключается роль эгоизма (Фараона, Злого Начала) в нашем развитии: он создает в нас страдания, отдаляя от Творца, вызывая в нас просьбу к Творцу избавить от страданий, и Творец вызволяет нас. Таким образом, эгоизм выполняет свою роль, как и все другие нечистые, злые силы.

Вопрос: Хорошо, допустим, я осознал целенаправленность страданий, но что же дальше?

У Творца существует только одно Желание – стремление дать наслаждение творению. Существует только одна Цель – привести создания к получению этого наслаждения. Существует только одна Сила – приводящая все творение к состоянию, в котором возможно получить наслаждение. Все, что есть в мире – это одна Его мысль, и только об одном, и только к этому.

Всем в мире управляет один закон: возвращения творения к наслаждению (к Творцу, к свету). Мы просим наслаждений, но проблема в том, что они могут прийти только посредством исправления. Мы просим от Него благ, а должны просить исправления, через которое придет наслаждение.

Тот, кто понимает, что получает удары для того, чтобы исправиться, начинает «перековываться». Постепенно приходит мудрость, и тогда мы изменяем себя, то есть выполняем то, чего желает Посылающий удары. Я уже перестаю обращать на них внимание, а смотрю на Посылающего. Страдания я воспринимаю лишь как средство духовного возвышения. Ведь в противном случае я не отреагирую, иначе я не обращусь к Нему! Необходимо приподняться над своим негативным ощущением и начать работать разумом. Почему мне плохо? Наверное, существует Некто, Кто посылает мне эти удары? С какой целью? Почему Он бьет меня?

Возмутитесь: «И это называется желанием насладить творения? Нет ничего хуже того, что Он посылает нам!» Однако когда вы начинаете спрашивать, это означает, что у вас уже появился разум разглядеть, что у этих ударов и страданий существует некая целенаправленность, причина.

Это и объясняет каббала, стремясь донести всем людям. Люди, здесь есть Цель! Смысл! Никто не виноват, кроме нас самих! Мы получаем удары свыше, потому что не исправлены. Давайте улучшим себя – все страдания исчезнут! Необходимо осознание, находящееся выше приятных и неприятных ощущений. Необходимо включить разум, чтобы отнестись к плохому и хорошему положению критически.

Однако сколько мы должны терпеть ущерб, чтобы понять принцип, что страдания приходят только ради того, чтобы разбудить в нас нечто, находящееся выше ощущения мучений?

Чем мы пока что занимаемся? Мы принимаем «успокоительные таблетки». Мы видим постоянные попытки увернуться от осознания причины страданий.

Вместо того чтобы начать задаваться вопросом: «Почему так происходит? Возможно, все-таки есть в этом какая-то цель?» – мы успокаиваем себя, и, получая больше ударов, пытаемся убедить себя, будто их стало меньше. Именно это и происходит сегодня в обществе.

Своим «геройством» в игнорировании страданий мы вызываем еще большие удары, которые все-таки доведут нашу реакцию и боль до такой степени, чтобы мы встряхнулись и сказали: «Хватит, есть причина, давайте найдем ее, она в нас!» Такую браваду я бы назвал глупым эгоизмом. Это подобно тому, как страус от страха, чтобы не видеть опасности, зарывает голову в песок. Мы должны объяснить каждому человеку и всему человечеству, что существует причина всех страданий, что наши муки – вещь целенаправленная, требующая от нас соединения с Высшей силой.

Вопрос: Почему именно отрицательными ощущениями можно усилить связь с Творцом?

Потому что, испытывая удовлетворение, человек «продается» этому позитивному ощущению и не думает о том, откуда оно исходит, а переживая негативные впечатления, он мгновенно ищет их источник, чтобы аннулировать его.

Творец намеренно посылает чувство страха, недостатка, неудовлетворенности, неуверенности, но только вначале. Это первый этап «вынужденного» приближения, когда человек подбирается к сближению с Творцом по принуждению, чтобы избавиться от отрицательных ощущений. Затем человек начинает сам стремиться к Творцу, доходя до состояния, которое называется «больной любовью», «не дает мне уснуть». К этому мы и должны прийти. Период, который мы сегодня проходим, называется «время подготовки» к входу в духовный мир. Этот этап необходим для того, чтобы вырастить в наших желаниях эгоистическую тягу к Творцу, и только потом начинается обратное действие от эгоизма к альтруизму.

Как быть, если осознанное чувство к Творцу еще не проявилось? Однако есть мысль! А уж если и ее нет, то вы вообще не ответственны за происходящее. Это значит, что вы пока находитесь на такой предварительной ступени развития, что Творец вас еще не пробуждает к связи с Ним. Мысль – это начало вашего пути. Потом человеку становится ясно, что вообще, кроме этого, ничего нет. Все происходящее вокруг и внутри вас, вообще все то, что вы можете сказать о своих внутренних свойствах и мыслях, ощущаете в уме и в сердце, начиная с гена, атома и до галактик, с самого малого и до глобального, происходит только для того, чтобы усилить связь человека с Творцом. Ищущие связи с Творцом должны понимать, что своими усилиями они продвигают не только себя, а все Мироздание к цели.

Вопрос: В чем смысл страданий великих каббалистов, достигших духовных миров, исправивших себя?

На высших ступенях каббалист исправляет не себя, а остальные души – страдает за весь мир и ведет его к Цели. Вообще-то, если говорить абсолютно точно, страдания не посылаются Творцом, а они и есть то ощущение, которое человек испытывает, потому что находится на определенной ступени развития своих желаний. Если он их изменит, поднимется на более высокую ступень, то и страдания исчезнут, ведь они ощущаются только в определенном неисправленном желании. Исправится желание – и то же самое воздействие будет ощущаться как наслаждение! Тогда появятся более высокие страдания – от отсутствия духовного ощущения, от желания отдачи Творцу. Эти ощущения необходимы как основа продвижения, но они уже называются «страданиями любви»...

Вопрос: Объясните, пожалуйста, почему для того, чтобы достичь подобия Творцу, необходимо оказаться в самом худшем состоянии. Можно ли обойтись без этого?

У творения должны быть возможность и силы свободно действовать между двумя противоположными силами: своим эгоизмом и Творцом, независимо выбирать свой путь и самостоятельно следовать по нему.

Для того чтобы предоставить в распоряжение творения, то есть человека, эти условия Творец должен:

1) полностью удалить творение от Себя;
2) создать ему возможность развития и постижения Мироздания;
3) создать ему возможность свободы действия.

Творец создает такие условия творению постепенно. Дело в том, что творение, ощущающее Творца (наполненное светом), не является самостоятельным, а полностью подавлено им, свет диктует творению свои условия, передает ему свои свойства. Для создания самостоятельного, независимого творения Творец должен полностью отдалиться от него. Другими словами, творение, освобождаясь от света, становится самостоятельным в своих действиях. Этот акт – изгнание света из кли – называется Сокращением.

Тора начинается со слов «В начале» (Берешит), то есть с начала процесса отдаления творения от Творца. Само это слово означает «вне», повествует о выходе из лона Творца в отдельное состояние, между небом и землей.

«В начале создал Творец небо и землю». Небо – сфира Бина с ее альтруистическими качествами. Земля – сфира Малхут с ее земными, эгоистическими качествами. Между этими двумя полярными свойствами, на основе которых действует вся система Мироздания, в подвешенном состоянии находится душа человека. Тора начинается с рождения творения, Высшего мира, и сотворения человека, души-Адама, но не с окончания творения. Назначение Торы в том, чтобы дать нам в этом мире инструкцию, каким образом мы можем подняться к самому наилучшему, совершенному состоянию.

Вопрос: Каббала говорит о двух путях: пути страданий и пути духовного возвышения. Однако, исходя из того, что Вы рассказали, приступая к занятиям каббалой, человек погружается в еще бóльшие страдания.

Это так. Начиная заниматься каббалой, мы погружаемся в еще бóльшие проблемы. Дело в том, что когда мы приступаем к изучению этой науки, то начинаем чувствовать себя еще более несчастными, презренными, скверными, начинаем ненавидеть себя и весь мир – в этом кроется развитие. Ведь так или иначе мы бы развивались, однако в противном случае процесс этот был бы весьма затяжным. Если мы внезапно становимся дурными в собственных глазах, то это вызвано тем, что наше желание наслаждаться за короткий срок, скажем, за полгода, выросло до размеров, которые при естественном ходе событий потребовали бы двухсотлетнего развития.

Кроме того, мы смотрим на свое желание как бы извне. Когда, идя путем страданий, у меня вырастает желание наслаждаться, я мучаюсь, не зная сам, отчего. Если же я развиваюсь при помощи каббалы, то наблюдаю за своим желанием из точки в сердце. Тогда я уже по-иному измеряю, оцениваю его. Я не просто страдаю, подобно животному под градом ударов, а делаю это целенаправленно. Я знаю, что напротив моего желания есть Высшая сила, что мне посылает его Творец. Я проклинаю Творца, ненавижу Его за то, что Он создал во мне желание наслаждаться.

Таким образом, во мне идет борьба двух сил: с одной стороны, часть Творца во мне, а с другой – сердце, желание наслаждаться. Тем самым я продвигаюсь вперед уже по двум линиям. В отличие от этого, горемыка, не изучающий каббалу, испытывает страдания, подобно всему человечеству, не понимая их источника.

Итак, развитие путем духовного возвышения идет быстро и целенаправленно. Я знаю, на что устремлен и каким-то образом связан с целью. На то, что я делаю за два-три года или за пять лет, мне, безусловно, потребовалось бы лет двести обычной жизни. Однако осмысление зла мы пройти обязаны. Ведь не осознав свою противоположность духовному измерению, мы не сможем возненавидеть себя, свое состояние и захотеть приподняться над ним. Только пагубность своего положения мы осознаем в насыщенном темпе, видим его со стороны света, с позиций цели.

Потому нам и раскрывают это так же, как больному сообщают о тяжести его ситуации: «Ты опасно болен. Болезнь очень тяжелая, однако от нее есть верное лекарство. Принимай его и выздоровеешь». Таким образом, тебе ставят диагноз, а подле сразу же кладут лекарство. Два фактора раскрываются одновременно, так как свое зло ты видишь из точки в сердце.

В отличие от этого все человечество продвигается при помощи лишь одной линии, одной силы, а не двух. Поэтому люди только получают удары, но не знают, отчего страдают и где выход. Посмотрите: весь мир погряз в наркотиках, охвачен террором. Это происходит от того же самого отчаяния. Семьи разрушаются, все общественные механизмы поражает кризис, и людям не понятно, что делать. Если бы они знали, то у них было бы лекарство, которое дают больному. Однако теперь у человечества есть надежда, люди уже знают, что для всех этих, казалось бы, тупиковых проблем есть решение.

Мало того, это не просто решение, не просто «средство от болезни» – ведь человек к тому же понимает цель, понимает, зачем он переживает все эти перипетии. Он видит, что в них заключена высокая необходимость, что зло, которое он сейчас осознает, станет затем рычагом, обращающим его во благо. В результате человек уже сейчас радуется тому, что преодолевает тяжелые состояния.

Вопрос: Для того чтобы почувствовать прикосновение к вечности, необходимо выйти из своего тела?

Для этого не нужно покидать свое физическое тело. Я могу оставаться, что называется, «во плоти» и жить в этом мире. Вместе с тем я стану существовать во всех высших мирах, вплоть до мира Бесконечности, и это не будет мне мешать. Я буду ощущать две формы реальности – ту, что человек воспринимает через свои обычные органы чувств, и ту, что он ощущает извне. Однако внешняя реальность, ощущаемая человеком, несравнимо интенсивнее, насыщеннее, она безмерна, относительно той, которую он чувствует внутри себя. Когда я в первый раз задал подобный вопрос своему Учителю, он ответил: «Ты не представляешь себе, что для человека, ощущающего реальность, находящуюся вне его тела, уже действительно чувствующего ее, закончить эту жизнь – все равно, что сменить рубашку. Не более». Все его чувства, все ощущения сконцентрированы на восприятии Высшей силы. Поскольку через наши обычные органы чувств мы воспринимаем лишь очень незначительную долю реальности.

Даже наш мозг задействован лишь на два процента своей потенциальной мощности. Почему? Потому что все остальное предназначено для восприятия этой самой высшей реальности. Исходя из этого, можно понять, какую силу, находящуюся извне, мы приобретаем, какое мощное ощущение и понимание приходит к нам, когда мы начинаем использовать свой мозг на полную мощность, на все его 98 процентов, пребывающие пока в резерве. То же самое относится и ко всем остальным органам чувств.

Каббала сегодня современна, как никогда

Вопрос: Почему каббала раскрывается именно сегодня?

На переходном этапе в конце XX столетия в мире произошли существенные перемены. Книга «Зоар» говорит, что, начиная с конца XX-го века и далее, человечество придет к состоянию «потери пути». Люди начнут понимать, что они ошибались на протяжении тысяч лет своего развития. Были испробованы различные способы направления: технологическое, культурное, образовательное, социальное – и ни один из них никуда не привел человека.

Тогда, говорит книга «Зоар», разразится всеобщий кризис: будут разрушаться семейные устои, человек, потеряв себя, начнет прибегать к наркотикам, чтобы не ощущать той боли, которую причиняет ему жизнь. Именно в такое время, когда человечество окажется в подобном состоянии, и должна раскрыться каббала, чтобы показать всему миру путь развития, не лежащий в плоскости этого мира, а ведущий ввысь, в духовное измерение. Вот почему эта наука сейчас становится столь востребованной. На самом деле это не мода, а процесс, который со временем будет набирать все большую мощь. Люди постепенно станут понимать, что такое подлинная каббала.

Кроме того, сейчас пробуждаются к жизни другие верования и методики всевозможных направлений – дабы люди как можно быстрее обнаружили, что все они не ведут их к истинной цели. Тогда, проанализировав ситуацию, они обратятся к каббале. Поэтому и в самой этой науке на сегодняшний день есть множество течений и систем. Очень трудно различить, где лежит истина. Ведь всем хочется заработать на этом.

Вопрос: Что исследует каббалист?

Занимаясь постижением каббалы, исследователю становится ясно, что нет ничего вне него, а он исследует абсолютно непостигаемую реальность, называемую Творец – Ацмуто, которая проецирует на него свое воздействие или улавливается человеком в мере его подобия, но не более того.

Вопрос: Как каббалисты открыли все эти миры?

Как вообще человек, просто живущий на земле, может внезапно начать открывать Высший мир?

Есть души особого типа, которым открывается духовный мир, их число ограничено. Мы говорили, что существует душа, именуемая Первый Человек. Она разбивается на огромное множество частей, а те в свою очередь разделились еще на миллиарды частиц, каждая из которых – частная душа. Каждая частица внедрилась в кого-то из нас, живущих в своих биологических телах.

Среди этих частиц имеются настолько чистые, светлые – особенные души, которые и начинают ощущать духовный мир. Они тянутся к нему в результате некоего внутреннего импульса, вследствие индивидуального развития, давящего на них изнутри, побуждая к духовному поиску, и начинают исследовать свои ощущения. Так они становятся каббалистами, то есть открывают Высший мир. Такие люди, по сути, являются исследователями природы, как и все ученые. Однако их исследования проводятся посредством особого способа, именуемого шестым чувством, или собственно душой.

Тогда эти люди рассказывают, как нам тоже достичь такого состояния, как мы можем раскрыть пред собой всю существующую действительность и жить в этом огромном пространстве, расстилающемся пред нами.

Вопрос: Знают ли скрытые каббалисты – 36 праведников, что у них есть такая важная миссия, или же они просто являются неким каналом, проводящим свыше свет к нам, но не подозревают об этом?

Это правильный вопрос. Возьмем, к примеру, какого-то политического лидера в этом мире. Как бы там ни было, но эти люди вроде бы руководят миром, влияют на него. Понимают ли они на самом деле, что делают? Конечно, нет. К человеку приходит какое-то желание, на него воздействуют некие средства связи, окружающие его люди или что-то еще. Они испытывают давление со всех сторон, и, исходя из этого, действуют. Есть несколько партий, всегда существуют расчеты, и людям кажется, что они ими руководствуются.

Кто организует им эти расчеты? Если поговорить с каким-нибудь государственным деятелем, то видно, что в плоскости этого мира он прав. Он объясняет все довольно логично: «У меня нет возможности сделать по-другому. Посмотри, сколько людских и природных ресурсов у меня имеется, в каком состоянии они находятся, я могу привести любую статистику, показать, о каком бюджете идет речь, о какой военной силе и так далее». В сущности он прав. Может быть, есть несколько иное мнение, но мы видим, что любая партия все равно приходит к подобному раскладу и идет аналогичным путем.

Это говорит о том, что, конечно, в плоскости этого мира расчет ясен. Разве нам нужно для этого нечто духовное? Мы действуем согласно земным интересам. Однако кто организует нам все эти количественные соотношения и обстоятельства – определенный характер нации, какие-то внезапные происшествия, скандалы, ураганы?

Все они скрыты, и потому те же самые люди не принимают их в расчет, считая, что действуют свободно. «Свободно» означает, что, исходя из этих данных, они должны выбрать правильный путь, и более или менее все выбирают одинаково, даже если заменить одного руководителя на другого. За всеми картами этих вождей народа действует программа творения.

Человек, находящийся в духовном измерении, – это уже не обычный человек. Его тоже задействовали, но свыше, а не так, как главу правительства в каких-то мелочах на земном пути развития того или иного народа. Человек, уже получивший осознание духовного существования, понимание, силы, келим, может действовать, то есть у него есть экран, и он может вносить свой вклад в отдачу. Что называется духовностью? Ты жертвуешь свою отдачу общему кли в той мере, в которой оно раскрывается тебе. Через него ты действуешь по отношению к Творцу.

Понимает ли при этом человек все, что делает? Конечно, нет. На уровнях зарождения, вскармливания и взросления, подобно младенцу, он не знает, в каком мире находится, или же, как маленький ребенок, делает что-то, но не знает, что именно. Он кричит на родителей, родители находится под очень большим влиянием от него из-за своей непомерной любви. Однако его кли мало, и тогда он приводит в действие родителей. Он может привести в действие миры, но у него нет большого знания о том, что именно он делает

В конечном счете каббалист является маленькой частью духовной реальности и действует внутри определенных ограничений согласно своей миссии, корню своей души и дополнительным условиям. Ему вовсе не раскрывается вся реальность от края и до края. Весь мир – это мера исправления его души, в ней он воспринимает мир. Чем дальше он продвигается, тем больше воспринимает. С чем бо́льшим количеством душ он соединен и отдает им, любит их, оправдывает Управление Творца над ними, тем более расширяется его кли, и тогда, может быть, он действительно достигает состояния, в котором видит от края и до края, то есть нет никакого ограничения на все его келим. Все это раскрывается внутри его «ракушки», внутри его кли.

Сколько ему раскрывают и сколько не раскрывают? Это уже зависит от его миссии. Он может быть каббалистом небольшого уровня, но ему дают увидеть многое. Почему? Бааль Сулам пишет, что может наступить «время действовать», или же это становится насущной необходимостью, которой не было прежде. Это уже зависит не от высоты каббалиста, а от условий, от времени и так далее.

Поэтому и в материальном, и в духовном мире есть некоторые разновидности времени, движения и пространства, только они несколько другие – мир, год, душа и сила существования, заключенная в них.

Итак, мы учимся – из ступеней. Это не значит, что «Я вошел в духовное измерение – и я уже все могу!» Ты можешь согласно тому, что приобрел – или как зародыш, или как малый ребенок, согласно силе твоего экрана, силе преодоления и силе отдачи, и в соответствии с этими уровнями у тебя есть возможность включиться в духовное измерение, кроме тех случаев, когда у человека существует особая миссия.

Согласно особой миссии, иногда берут какого-то ученика, того или иного человека и начинают ему раскрывать духовные понятия. Это уже не относится к нам. У нас есть наша работа снизу вверх, которую мы изучаем, и по этому пути мы должны идти. Именно это возложено на нас, а то, что происходит свыше, когда вдруг из какого-то обычного ребенка делают великого каббалиста, подобного Бааль Суламу, Агра или Бааль Шем Тов – это уже не зависит от человека. Это можно изучать, но здесь человек ничего не определяет.

Вопрос: Как маленькая группа каббалистов может изменить мир?

Прежде всего, мы не изменяем мир, несмотря на то, что можем так говорить. Всем хочется сказать: «Я изменяю мир! Я на самом деле изменю его!» Нет. Мы не изменяем мир, никто не способен сделать это. Мы можем ускорить развитие мира, уменьшив страдания осознанием правильного пути – и не более того.

Мир продвигается к конечному состоянию по программе, где есть некий коэффициент, который мы можем изменить. Допустим, повысить нашу чувствительность к вопросам о том, почему мир развивается, изменяется, куда он идет, почему в мире есть страдания, то есть мы можем повысить восприимчивость к развитию, к пути. Если мы будем обладать большей чувствительностью, то избежим многих ударов в пути. В конечном итоге именно это стараются сделать каббалисты – и ничего, не дай бог, кроме этого.

Поэтому наше распространение – пассивное. Вы хотите – пожалуйста, поинтересуйтесь этой методикой, посмотрите, насколько она вам подходит, если это хорошо для вас – примите, нет – оставьте. Это – все. Мы хотим показать человеку, что у него есть возможность лучше понять, где он находится, правильно осознать восприятие реальности, если у него есть к этому желание, какой-то подход.

Мы не приходим к миру и не говорим, что согласно тому, что мы видим, необходимо разорвать его на куски и слепить заново, иначе. Нет. Это вообще не возложено на нас. Человечество уже страдало из-за людей подобного рода, желающих исправить мир.

Теперь вторая половина вопроса: может ли маленькая группа, маленькое количество людей вызвать такие большие изменения? Может, потому что мы говорим об информации, и один человек может извлечь эту информацию, это знание для всего мира. Разве не также случилось в Европе в эпоху Ренессанса? В Италии, во Флоренции собралась группа людей от ста до двухсот человек (вначале их было даже меньше), которые начали думать о лучшем, более продвинутом, более культурном, более развитом существовании. С этого началась великая революция, называемая «эпохой Возрождения», которая распространилась действительно на весь огромный континент. Вначале же в этой группе было менее двадцати человек – музыканты, молодежь, немного философов, – люди богемы. Однако посмотрите, что они сделали!

Ничто великое в мире не может быть воспринято массами, потому что массы неразвиты. Во-первых, это воспринимают отдельные личности. Во-вторых, продвинутые методики, изменяющие мир, являются информационными методиками, методиками знания, системы. Поэтому тут не нужны большие массы людей для того, чтобы передать знание. Это может сделать один человек, который объясняет, и этого достаточно. Если человек это слышит – значит слышит, если нет – то нет.

Не случайно сегодня средства связи, коммуникации на планете развиты до таких размеров, что можно выплеснуть информацию, и весь мир будет оповещен о ней из одного источника. Поэтому здесь нет никакой проблемы. К тому же средство, с помощью которого мы предлагаем изменить мир, не означает, что сейчас поднимутся народные массы, совершат революцию, начнут вести какие-то войны, в которые будут вовлечены миллионы людей, воюющих друг против друга, и кто-то из них победит. Нет. Мы не говорим о таких изменениях – в материале, во многих телах, во множестве людей.

Мы говорим об изменениях в восприятии человека, о его внутренней трансформации. Для этого не нужны ни массы, ни силы, ни деньги – ничего. Человек слушает, чувствует, что эта методика для него, использует ее и изменяется. Тем самым он изменяет реальность, потому что мы говорим о духовном изменении, а не о материальном, для которого нам были бы нужны какие-то средства этого мира – танки, самолеты или много денег. Ничего этого не нужно.

Это подобно Интернету – ты входишь бесплатно, тебе дают всю информацию даром, ты берешь ее для себя – и живешь. Это – все. Поэтому нам нечего думать, что все это непосильно реализовать. Наоборот, все это очень легко, очень близко, и я надеюсь, что мы преуспеем. Мы раскроем каналы мудрости, человечество увидит это, а также проверит, правильно ли это или нет, не обманывают ли человека вновь. Человек проверит на самом себе, подходит ли ему эта методика. После того как люди начнут немного больше использовать эти знания, приспосабливать их к своему существованию, их жизнь вместо этого мира примет вид мира Бесконечности.

Вопрос: Как Вы можете доказать, что каббала точно указывает на цель творения?

Каббала исходит только из опыта и ни в каких своих выводах не опирается на человеческий разум, философию, логические рассуждения. Она считает все, порожденное разумом и логикой, а не путем опыта, совершенно лишенным истинной основы. Потому что разум является плодом наших желаний, нашей эгоистической природы, а значит, не волен рассуждать объективно.

Да никогда обычный человек, не каббалист, и не имел возможности рассуждать объективно, потому что не выходил за границы нашего мира. Каббала дает возможность тому, кто ею занимается, сначала сделать это своими ощущениями.

Тот, кто этого удостаивается, становится каббалистом, то есть получающим высшую информацию, и тогда он видит и понимает все общие законы природы, и к чему она ведет все существующее. Люди, не имеющие выхода в общий объем Мироздания, не в состоянии понимать, о каких целях идет речь, они рождаются, живут, производят потомство, и умирают совершенно неосознанно.

Поэтому каббала как наука сразу же отказывается от ложной возможности объяснить людям, что такое истинное Мироздание и какова цель, а ставит задачу ввести человека в соответствующее ощущение, дать ему видение общего Мироздания. Кто последует этим путем, увидит, что «каббала точно указывает на цель творения».

Роль одного человека подобна значению всего Мироздания, потому что каждый из нас включает в себя все его элементы. Это изучается в каббале в разделе «Разбиение душ (сосудов)», произошедшем до нашего создания. В итоге разбиения все части всех душ перемешались, и поэтому все души содержат части всех душ. Отсюда коллективная ответственность и связь всех людей, о чем так много говорит каббала.

Один человек не в состоянии выйти в духовный мир. Начинающему необходим Учитель, который уже находится в состоянии постижения Высшего мира и может точно указать, как его достичь на каждом этапе развития ученика. Связь между Учителем и учеником духовная, но ученик это обнаружит только после того, как сам достигнет Высшего мира.

Единение с Учителем возможно даже на начальном этапе, потому что их тела находятся на одном уровне этого мира. Единение же с Творцом возможно, только когда человек выходит в Высший мир. Поэтому связь с Учителем ведет к связи с Творцом. Учитель выступает как поводырь.

Вопрос: Неужели изучение каббалы может изменить окружающий мир?

Сказано в «Предисловии к книге «Зоар»: «Знай, что во всем есть внутреннее и наружное».

Во всех народах мира есть внутренняя часть – это праведники народов мира, и есть наружная часть – приносящие вред личности. Не достаточно простого выполнения заповедей для изменения мира в лучшую сторону, особенно сегодня! Более того, человек, не занимающийся каббалой, приводит своим бездействием к тому, что внешняя часть народов мира усиливается и берет верх над их внутренней частью. То есть наихудшие из них, наибольшие вредители и разрушители мира возвышаются над праведниками народов мира, в итоге это приводит к разрушениям и войнам во всем мире.

При этом совсем не обязательно углубленное изучение каббалы, достаточно преодолеть внутренний барьер и начать просто интересоваться этой наукой. Поверьте, буквально через несколько дней вы почувствуете прилив силы, состояние уверенности, которого не было раньше, вы словно подключаетесь к новому источнику энергии, который начинает заряжать вас. Это моментально начнут чувствовать враги и отступят, понимая, что с такой силой они не могут справиться. Однако до тех пор, пока мы этого не делаем, мы приводим в действие все злые силы, которые, в свою очередь, обрушиваются на нас. В поколении, которое пренебрегает внутренней работой, все разрушители народов мира поднимают голову.

Так и происходит сегодня в нашем поколении. В наших силах изменить все. Только от занятий каббалой зависит состояние как лично каждого из нас, так и всего мира.

Исполнится это, как предсказывает книга «Зоар»: «Силой книги «Зоар» выйдут из неволи милостью Творца». Духовное, а как следствие этого и физическое освобождение взаимосвязаны. Они приведут весь мир к подлинно счастливому существованию, без страха временности, болезней, смерти, в слиянии с Высшей силой.

Вопрос: Наука, написанная тысячелетия назад, способна нам сегодня помочь?

Именно сегодня! Сказано изначально, что все пророчества касаются поколения Машиаха – наших времен. Недаром каббала всегда была тайной наукой. Каббалисты всех поколений говорили, что запрещено изучать каббалу, и необходимо ее скрывать до конца XX века. Так написано в книге «Зоар», об этом говорил Гаон из Вильно, да и многие другие каббалисты точно указывали, когда завершится период сокрытия. Мы просто обязаны снять с каббалы покров таинственности и начать пользоваться ею.

Как в свое время каббалисты скрывали эту науку, так сегодня мы должны открыть ее всем людям.

Вопрос: Какие качества считаются идеальными для человека нашего времени?

Человечество представляет собой не просто тела, а некую внутреннюю духовную конструкцию, называемую душой. В каждом из нас присутствует эта вечная частичка, которая облачается в различные тела, и мы проходим таким образом так называемые кругообороты жизней. Можно представить себе человечество в виде шеренги людей, которая так и идет с течением времени. Только для того чтобы «разбавить», раздробить, что ли, постоянно растущий эгоизм, сделать его более легким для восприятия, человечество растет количественно. Численность населения возрастает по мере роста эгоизма, но, естественно, не по прямой, а гиперболически.

Однако в каждом поколении появляются одни и те же души – только облаченные в разные одеяния – тела. Общая душа делится, и, естественно, появляется все большее количество тел в нашем мире.

Все эти души представляют собой единый организм, который тоже называется Адам, они представляют собой структуру, полностью связанную между собой. На сегодня – это 6 миллиардов душ, но их может быть и 20 миллиардов, потому что не имеет значения, каким образом они поделятся. Однако в принципе это замкнутая структура, все элементы которой столь тесно связаны между собой, что каждая частичка, каждая отдельная душа функционирует, как клетка в нашем теле.

В здоровом теле каждая клетка получает только то, что ей необходимо для существования и функционирования, а все остальное она отдает, то есть служит всему организму. Это общий закон развития и существования.

Вопрос: В мире происходит много необъяснимого. Меня, например, всегда удивляло, что фильмы, книги, картины – все то, что рождено человеческой фантазией, странным образом моделирует реальность, словно воплощается в ней. Как Вы считаете, способна ли человеческая мысль воздей-

ствовать на материю, или это просто способность человеческого мозга получать информацию о будущих событиях из некоего единого энергоинформационного поля? Ну хотите, назовем это термином Вернадского «ноосфера»?

Прекрасные вопросы. Догадки академика Вернадского верны.

Дело в том, что вне тела все души на самом деле представляют собой единый организм – одну Всеобщую Душу, являющуюся, по сути дела, единым желанием и единой мыслью. Эта Единая Душа всех-всех существ и управляет нами с той целью, чтобы нас, разрозненных в этом мире нашими телами, нашим эгоизмом, привести к такому состоянию, в котором мы существуем во внешней сфере, где и заложены все наши мысли, желания, наши будущие состояния – полная информация.

Оттуда нисходят на нас все силы управления, поднимающие нас на тот уровень, где мы сливаемся друг с другом в одно целое своими альтруистическими желаниями. Мы, живая и неживая природа, растительная, животная, – все ее виды представляют собой один единый организм, пронизанный одной альтруистической силой.

Вопрос: Значит, скоро даже слова и мысли реализуются вовне?

Нет ни одного действия, мысли, желания на любом уровне – неживом, растительном, животном или человеческом, которое не завязано в единой программе – привести человека к его высшему уровню существования.

Нет ничего случайного. Случайность – это то, что недоступно видению. Чем больше раскрывается нам картина мира, тем полнее мы проникаемся его гармоничностью, его взаимодействием, его сложностью и в то же время его единой конструкцией.

Мы видим: в одном месте земного шара мы делаем что-то, в другом – получаем реакцию. Только мы еще не осознаем на нашем человеческом уровне, на уровне наших желаний, на уровне наших мыслей, насколько мы воздействуем на природу.

Абсолютно все в природе взаимосвязано. Если где-то происходит малейшее изменение, причем даже на неживом или на растительном уровне, оно взаимодействует с общей картиной сил, в единой равновесной системе и вызывает изменения всей системы. Однако самые главные изменения вызывают наши желания и наши мысли. Это самое сильное средство для изменения равновесия мира.

Вопрос: Если я не ошибаюсь, особое изменение произошло в 1995 году? Именно тогда было положено начало распространению каббалы? Что же произошло?

Бааль Сулам упомянул об этом как бы вскользь, однако каббалист ничего не может сказать случайно. Он живет на определенной высшей ступени, в соответствии с тем, где он находится, исходя из того уровня, он и говорит. Это происходит по тому же принципу, который действует в нашем мире: «Каждый обвиняет в меру своего изъяна» и «каждый восхваляет в меру своего понимания».

Бааль Сулам сказал, что еще через 50 лет люди начнут действительно раскрывать ценность «Учения десяти Сфирот» и других его произведений, и, изучая их, совершат массовое, серьезное продвижение к общему исправлению мира. Его тогда спросили: «Это просто примерный срок 50 лет?» Он ответил: «Нет. Я не просто так назвал эту цифру. Согласно расчету это должен быть 5755 год» – 1995 год по международному календарю.

Начиная с этого периода, можно было видеть, что произошли огромные изменения в отношении человека к каббале. Люди перестали ее бояться. Я не говорю о тех, кто получил соответствующее воспитание, но остальные люди начали ее ценить. Каким-то внутренним чувством человечество стало понимать, что это нечто особенное, способное разрешить множество проблем.

Эта наука может ответить на все наши вопросы – решить экологические проблемы, проблемы культуры и воспитания, безопасности и террора, проблему наркотиков, вплоть до безопасности на дорогах. Каббала может ответить на вопрос, касающийся сложностей, возникающих во всех сферах нашей жизни – сказать, почему так происходит, возможно ли это исправить и каким образом.

Вопрос: Какие эксперименты производят в каббале?

Как и в каждой науке, мы должны знать, что изучаем, что исследуем. Что изучает человек в той или иной науке? В конечном счете он изучает свою природу и оттиск своей природы на что-то. То же самое происходит в каббале, но здесь мы приходим к неограниченной форме в познании себя. Что обычно изучается? Изучается материал: неживое, растительное, животное или человек в зависимости от науки, например, в физике, химии. В каббале это называется: на всех уровнях эгоизма материи, то есть на первом, втором, третьем, четвертом уровнях развития эгоизма.

В каббале мы изучаем не поведение самого материала, а каким образом можно его изменить, чтобы получить в нем иное свойство – от материала, от желания получать приходим к свету. Скажем, мы исследуем какие-то явления в химии, но на самом деле мы все равно исследуем желание получать. Мы как будто изучаем явление, при котором одна молекула притягивает другую в условиях тепла, холода, давления и так далее, и их взаимодействие. В каббале на самом деле мы исследуем то же самое, но пользуемся понятиями «эгоизм», «желание получать». По сути же мы делаем именно это – во всех науках мы занимаемся именно этими вещами.

В каббале мы берем сущность материи и начинаем разбираться не во внешних формах – скажем, это жидкость или давление, или нагревание, или частицы, как в физике, или взаимодействие между частями, как в механике, а в сущности материи, поэтому у нас получается истинная картина. Мы не занимаемся внешними одеяниями, а самим содержанием, потому каббала и называется корнем всех наук, так как, по сути, все они лишь ее частичные формы.

Вопрос: Во всех науках у нас есть какие-то наблюдения, доказательства, как, например, легенда о том, что Ньютону упало на голову яблоко. Где такие наблюдения в каббале?

Все отличие каббалы от остальных наук в том, что в ней принимается в расчет также внутреннее свойство человека. Если мы изучаем действительность так, как она представляется нам, не принимая в расчет качества человека – плохой он или хороший (сейчас мы только начинаем раскрывать, что человек своими мыслями влияет на материю, например, на растения), то это называется «обычной» наукой.

Если мы принимаем в расчет качества человека и говорим о том, как изменения его свойств могут изменить явления, это называется каббалой. Сегодня во всех академических науках человечество приходит к состоянию, когда исчерпано все в той области, где мы не изменяем себя. Далее мы во всех науках приходим к состоянию, что от нас зависит возможность проникновения в глубину материала, в исследования действительности.

Нет у нас здесь иной методики, кроме каббалы, говорящей нам: «Если измените себя таким образом, увидите действительность в таком виде, если изменитесь так – сможете влиять на нее таким образом». Каббала открывает перед человечеством совершенно новые горизонты, показывая, как мы влияем на действительность своими мыслями, желаниями, как мы связываемся с действительностью, изменяем ее. В обычных науках мы не можем это сделать, так как наше желание получать не находится под нашим влиянием. Таким образом, каббала как будто включает две части: с одной стороны она обучает человека, как изменить его свойства, желания, а с другой – объясняет, как в соответствии с нашими изменениями мы меняем действительность.

Вопрос: Существуют ли в каббале точные научные понятия. Как, например, в математике?

Один плюс один – это не наука, как и вся математика. Математика – это язык. Наука – это исследование. Единственной точной наукой является каббала, и мы уже видим ограниченность остальных наук. Почему? В каббале мы действуем без всяких предположений, мы основываемся на материале творения – на желании наслаждаться. Кроме него не существует ничего – все остальное построено на этом материале, его формах. Неживое, растительное, живое, человек, звуки, цвета – все вытекает из этой основы, из сущности творения, то есть из желания получать. Потому всякая иная наука, не принимающая в расчет сущность творения, неточна.

Каббала принимает в расчет только это. Есть закон, гласящий: «Судят только по тому, что видят глаза». Все доказывается только на опыте. Запрещено каббалисту описывать в книге что-то, что он не получил из собственного опыта, из исследования Высшего мира. Книга «Зоар» объясняет это: материя, форма, облаченная в материю, абстрактная форма, сущность – это уровни, до которых мы воспринимаем, способны исследовать. Войдите в эту науку, и вы увидите, сколько в ней точных научных определений. Я сейчас пишу книги совместно с учеными, и у нас нет никаких проблем в общении, понимании друг друга. Они лишь приходят в воодушевление от всего того богатства, которое есть в каббале.

Вопрос: Расскажите, пожалуйста, о времени. Физики сегодня рассматривают эту категорию, как нечто целостное, простирающееся подобно ландшафту, на котором располагаются прошлые и будущие события. Как рассматривает время каббала?

Поскольку мы говорим о силах, воздействующих на все Мироздание, то мы оперируем понятиями «разум», «желание», «информация», и не имеем в виду тела. Таким образом, нам сразу же следует договориться, что каббала не упоминает ни о том, что находится в пространстве, ни о самом пространстве – все вне него. Пространства как такового не существует. Оно является производной наших пяти органов чувств. Представьте себе нашу Вселенную, уберите из нее все неживое, растительное, животное и посмотрите, что останется? Что означает это пространство, в котором находится все, наполняющее его?

Повторяю, каббала говорит о том, что пространства как такового не существует. Если его не существует, то нет и движения в том виде, в котором мы его понимаем. Если не существует движения, нет перемещения, а следовательно и времени. То есть все, что мы изучаем в каббале, находится над понятиями пространства, времени и движения (эти понятия чисто человеческие).

Это мы так устроены, что внутри нас есть ощущение времени, пространства, движения. Подобным образом мы воспринимаем воздействие на нас силы, осознаваемой нами как наше Мироздание, наша Вселенная, которая перемещается и определенным образом взаимодействует. Она является производным от нашего внутреннего устройства, от наших пяти органов чувств. Когда человек выходит из области ощущений этих пяти органов восприятия и входит в шестой, он понимает, что ни времени, ни пространства, ни движения не существует. Существует совершенно иной объем, где есть только силы, информация и желания.

Вопрос: Сейчас множество ученых бьются над расшифровкой Библии, Торы. Есть ли там какая-то скрытая информация между строк?

Конечно, есть. Вся скрытая информация мира находится в Торе, но для этого не надо никуда бежать. Надо открыть книгу «Зоар», там так и написано: книга «Зоар. Комментарий на Тору», каббалистический комментарий. То, что написано в Торе (Пятикнижие Библии) обиходным языком, аллегорически, книга «Зоар» раскрывает и описывает на каббалистическом языке, передавая структуру Высшего мира.

Вопрос: Существует ли аналог каббалы в других религиях?

Аналога каббалы в других религиях нет, потому что каббала – это не религия, а наука, и она не имеет отношения ни к каким верованиям, экстрасенсорным методикам, даже к еврейской религии. Любой верующий еврей на вопрос: «Знает ли он каббалу?» – ответит: «Не знаю и не считаю нужным», и он прав, потому что каббала абсолютно не нужна человеку для отправления религиозных обрядов. Кроме того, каббала вызывает у человека развитие эгоизма, увеличивает тягу к знанию, построена на самопознании, на постижении высшего, а религия построена на самоограничении, довольствовании малым.

Вопрос: В чем отличие развития желания к Творцу верующего от развития желания атеиста? Конкретно.

Религиозный человек верит в чудеса. Он верит в то, что законы законами, но если он очень попросит, они могут измениться. Каббалист знает, что закон есть закон, но если он очень хорошо попросит, то изменится сам.

Религиозный человек верит в то, что Бог меняется. Хотя есть отдельные верования, где считается, что Творец неизменен (например, «Дао» – я их не изучал, но так мне говорили).

Как правило, верующий человек, не меняя себя, о чем-то умоляет Творца: «Я Его хорошо попросил, дал милостыню неимущему, помолился от всего сердца – и, в итоге мне будет хорошо!», но – не меняя себя.

Не меняя себя – вот в чем основной пункт различия.

Каббалист знает, что только своим изменением он вызовет изменение влияния Творца на себя. Творец неизменен, но для каббалиста Он станет другим – один и тот же Творец, вчера, сегодня и завтра, – так как он ощутит Его по-другому, поднимется к Нему, приблизится. Можно плакать, кричать, делать что угодно – но если человек не меняется, Творец не изменится.

Верующий же думает: «Нет, изменится». В итоге мы более пяти тысяч лет взываем к одному и тому же Богу, а ничего хорошего от Него в ответ не видим – никаких чудес нет, а есть только законы.

Это восприятие чисто психологическое. Я не высмеиваю верующих или религии – просто существуют два взгляда со стороны человека на Творца. Творец один и тот же. Пришло время подняться с уровня, где человек надеется на то, что сверху ему вдруг выдадут какой-то аванс – ни за что или просто за то, что он куда-то пошел, что-то сделал, сказал, заплатил.

Мы видим, что в нашем мире это не работает. Можно, конечно, привязать к этому различные обстоятельства – якобы так случалось, многие в мире думают подобным образом, поэтому у религий и верований есть некая психологическая подложка, но реальность показывает обратное.

Как в нашем мире, четкие законы существуют и в Высшем мире. Они известны: есть подъем правильного желания на исправление – человек исправляется и в соответствии с этим входит на следующую ступень.

На каждой ступени отношение к одному и тому же Единому Творцу фиксировано по интенсивности и по восприятию. Это все описано, постигаемо и зависит только от нас, и нет никаких предпочтений. Все одинаковы перед Творцом: женщины, мужчины, русские, евреи, никто к Нему не ближе и не дальше. Там нет никаких протекций и поэтому нечего просить и умолять.

Дали вам инструкцию – действуйте.

Вот чем, вкратце, отличается взгляд верующего от взгляда каббалиста.

До тех пор пока мы не вышли в Высший мир, до перехода махсома и даже через некоторое время спустя, каждый из нас внутри себя все равно надеется на какие-то поблажки, на лучшее отношение, на изменение судьбы – потому что мы не находимся в осознании, в правильном видении всего Мироздания.

Мы же не будем молиться закону всемирного тяготения, он абсолютно неизменен. Никакая молитва не сможет его поколебать. Творец – есть совокупность всех законов Мироздания. Почему же мы молимся Творцу?

До тех пор пока человек полностью явно не постиг духовные законы так же, как законы нашего мира (как закон всемирного тяготения или трения), он все равно, верит в чудеса. Ему это необходимо психологически. Поэтому не следует над этим смеяться, и люди, которые ходят молиться – не важно каким образом и в каких конфессиях, – просто верят в Бога и надеются на Него.

Никуда не денешься, человек обязан чем-то восполнить внутреннюю пустоту души. Когда-нибудь ее наполнит свет Творца, а поэтому пускай все идет своим чередом.

Желание и наслаждение

Вопрос: В чем разница между желанием и потребностью?

Желание – это основа, существующая в творении. Творение не ощущает, что оно использует желание, что оно есть, что оно наполняется. Потребность же предвосхищает желание и возникает тогда, когда, пройдя все этапы развития, творение само начинает желать благ, наполнения, которое приходит от Творца, поскольку уже осознает себя. Когда творение достигает этого состояния, то оно реализует замысел творения – насладить сотворенных.

Весь процесс, происходящий с творением, все его развитие – это и есть предмет науки, которая называется каббала.

Вопрос: Что же конкретно человек должен требовать: исправления или возможности совершить усилия?

Человек не решает, что ему требовать. Ему кажется, что он кричит: «Дай мне что-то! Сделай для меня то или это!» Однако сердце его взывает не о том, что слышится из уст, а потому такой вопрос вообще неуместен. Я не должен думать о том, как во мне проявится потребность в исправлении, за которой придет свет и сделает свое дело. Ведь я не знаю заранее, в чем испытываю потребность, да и не должен заботиться о ней. Не это нужно анализировать. Нельзя рассуждать следующим образом: «Почему у меня нет еще большего осознания зла? Почему я не вижу, как плох я и все, что меня окружает?» В результате ты пребываешь во зле. Ведь где твои мысли – там и ты.

Однако сказано: «Им возрадуется наше сердце». Нужно постоянно прилепляться к Высшему, и благодаря этому придет все остальное. Мне вообще не следует размышлять над тем, когда придет правильное желание, и на что именно оно должно быть устремлено. Я этого не знаю. Пока у меня не возникнет потребность, я не знаю, **что** она собой представляет и на что обращена.

Допустим, мне сейчас хочется шампанского. А тебе не хочется? Да или нет? Вот видишь, нет. А мне – да. Ну-ка сделай так, чтобы у тебя появилась потребность в шампанском. Можешь? Начинаются размышления: «Как его заполучить? А стоит ли? А возможно ли?» Так это не делается. Ты не можешь искусственно развить потребность в чем бы то ни было. На это способен только свет. Именно он сформирует в тебе цепочку желаний, стыкующихся в правильной последовательности, пока в итоге не приведет, развивая, к нужной потребности.

Однако случится это, только если ты будешь требовать света и сливаться с ним, вместо того чтобы все время поверять текущую потребность, доставляющую тебе сейчас страдания. Ведь потребность, ненаполненное желание – это мука. Если ты постоянно перебираешь в уме страдания от своих нереализованных потребностей – это не даст тебе ни малейшего продвижения.

Мне знакома эта проблема, ведь я и сам все прошел тяжким трудом. Раз и навсегда нужно убедить себя в том, что нельзя погружаться в такие мысли. Надо прибегать к всевозможным средствам и ухищрениям.

Вопрос: Раздается вечером звонок молодому человеку. Девушка говорит: «У меня есть желание заняться с тобой сегодня ночью сексом. Я хочу от этого получить наслаждение». Молодой человек к ней приходит, исполняет ее желание. Она получает наслаждение. Может он сказать, что он выполнил закон отдачи, и Творец должен быть доволен?

Нет такого состояния: «Творец доволен или нет». Никто там наверху ни недоволен или доволен.

Мы говорим о законе природы. У него нет удовольствия и недовольства. Когда я говорю, что мы должны доставить наслаждение Творцу, то под этим я подразумеваю: передать остальным. В принципе «наверх» – это значит остальным душам, остальным людям. Никакого Творца и никакой Высшей силы – человечеству. Таким образам это возвращается к нам.

Если двое доставляют друг другу удовольствие, что ж в этом плохого? Дело в том, что при этом они не замыкают себя на источник наслаждения. Источник наслаждения – наверху. Он находится в Высшей сфере, выше нашего мира, а люди являются всего лишь проводниками. Когда мы доставляем наслаждение на уровне нашего мира один другому, мы при этом не замыкаемся на Высший мир, это наслаждение заканчивается.

Вопрос: На днях прочитал книгу о том, как монашки себя ограничили буквально во всем: питались раз в сутки, прак-

тически не спали. Наслаждений у них никаких. Правильно ли это?

Каббала к таким делам относится крайне отрицательно. Во-первых, тем, что человек во всем себя ограничивает в этом мире, кроме плохих поступков по отношению к другим, он ничего не выигрывает. Желания остаются, даже если ты их убиваешь. Ты можешь настолько подавить их в себе, будто их и не существует. Ты можешь ненавидеть свои желания, но все равно ты их не исправил на отдачу, а просто не используешь.

Вся наша суть является получением. Поэтому правильное получение – это то состояние, к которому мы должны прийти. Человек, который в нашем мире не берет от жизни, правильно только: беря-отдавая и отдавая-получая, не является ни членом общества, ни гражданином, ни семьянином, никем и ничем. Это искусственное существование за счет других. Причем человек в этом случае ощущает себя на самом высшем уровне существования, с такой гордостью и с таким ощущением внутри себя, что ему положена высшая жизнь, положено вечное существование, ему там рай уготовлен и так далее. То есть это, можно сказать, является наивысшим проявлением эгоизма, а не умерщвлением себя.

Почему? Да потому, что внутренне мы остаемся эгоистами. Как бы мы себя не уговаривали, что мы не желаем ни кушать, ни пить, и ни секса, ни семьи, мы это делаем во имя чего-то другого – чтобы получить большее вознаграждение. Поэтому это всего лишь торговля – что мне больше, а что мне меньше кажется, как я себя настрою и запрограммирую. Вот и все. Человек остается существовать в нашем эгоистическом мире и меняет просто одно вознаграждение на другое. Поэтому таким людям завидовать нечего. Они бесполезно существуют и никому не приносят ничего. Сами при этом требуя уже заранее от какого-то Творца наивысшего вознаграждения – это проявление эгоизма в его наивысшем виде.

Вопрос: У меня есть дочь, и когда ей очень хорошо, я за нее радуюсь, даже если мне в этот момент плохо. Похоже ли это на то, что я в идеале должен испытывать по отношению ко всем людям? Могу ли я достичь такого состояния, чтобы я радовался за всех?

Вопрос, по сути, о том, почему каббала так необходима. Потому что эта наука раскрывает связь между нами. Она говорит о том, что все мы представляем собой на самом деле один организм, одно-единственное тело. Оно только в нашем ощущении разорвано на отдельные тела различных людей. На самом же деле все мы взаимосвязаны и взаимно определяем состояние друг друга.

Религии и многие методики говорят о взаимной любви, «возлюби ближнего», и так далее. Однако никому это в итоге не интересно и не помогает. Потому что наша первоначальная природа – та, которую мы ощущаем сейчас, а не та, что находится за пределами нашего тела в скрытой области Мироздания, – полностью эгоистична и избавляет нас от необходимости говорить красивые слова.

Однако что дает каббала? Когда она начинает человеку «проявлять», как постепенно вырисовывается на фотобумаге снимок, истинную структуру сил, стоящих за картиной этого мира, тогда он видит, что на самом деле взаимосвязи – жесткие, определенные, и деться от них некуда. Вот эта реальная картина взаимосвязей ставит нас в такое положение, что мы поневоле, с тем же самым своим эгоизмом начинаем правильно относиться к другим. Потому что видим, что, неправильно воздействуя на других – зло, эгоистически относясь к ним, – мы в итоге возбуждаем на себя многократно усиленную обратную отрицательную связь. Главное – видеть правильно мир, это уже означает правильно существовать в обществе, в семье – везде.

Поэтому методика, которая показывает нам реально существующие силы, воздействующие на нас, является спасением для сегодняшнего мира. Поэтому и люди инстинктивно ею заинтересованы. Поэтому и снят с нее запрет распространения. Я не представляю себе другой методики, которая могла бы сделать то же самое для человечества. То есть явно показать: «Люди, вы взаимосвязаны. Одним тем, как вы думаете, как влияете друг на друга, как относитесь к себе подобным, вы губите себя, планету, экологию. Вы ничем другим ее не спасете. Вы можете перестать дымить и сжигать на этой планете все, что хотите, но если вы не измените своего отношения друг к другу – этой самой главной нашей силы, то вас не спасут никакими другими методами».

Вот об этом говорит каббала, когда она явно показывает нам картину происходящего, и у нас, к сожалению, почти не осталось времени для того, чтобы исправить наше отношение. Однако именно явное видение мгновенно меняет человека, ведь он всегда поступает с выгодой. Здесь же он видит огромнейшую выгоду для себя, и наоборот, если он будет продолжать поступать эгоистически, то проиграет. Причем это настолько очевидно касается самих себя, близких, детей, народа, мира, что люди становятся иными. Поэтому, конечно, с одной стороны, каббала – это наука, но абсолютно прикладная, и в этом смысле не академическая, а необходимая для каждого человека.

Вопрос: Что такое счастье?

Счастье – это ощущение реализации внутренних возможностей человека. В полном виде это проявляется только тогда, когда человек точно понимает, **что** и **как** он должен реализовать, какая цель есть у него, и насколько эта цель вечна и не зависит ни от чего, что это основное и это единственное в мире реализуется им сейчас. То есть счастье – это ощущение сближения с Творцом, потому что это Цель Творения, ощущение движения к вечному совершенству.

Вопрос: Существует ли настоящая любовь?

Перестаньте требовать любви, потому что в этом мире ее нет! Есть с трудом сохраняемые некие взаимоотношения, но это – не любовь. Любовь может существовать только при условии, что человек поднимается над своим эгоизмом. Если он пребывает в своем эгоизме, то не способен любить.

Вопрос: Желание необходимо поддерживать искусственно?

Любовь хороша, когда она строится на страхе потерять любимого, – это стимул к сохранению желания. Также на правильном построении связи между человеком и Творцом: сначала – заповедь страха, потом – заповедь любви. В нашем мире – это эгоистический страх остаться без чего-то ценного для тебя, в Высшем мире – это страх лишиться возможности отдачи, альтруистической способности. Потому что жизнь измеряется степенью отдавать, любить. Однако в любом случае механика любви – это умение сохранять желание.

Вопрос: Существует ли закон, согласно которому определенному типу мужской души соответствует определенный тип женской?

Бааль Сулам объясняет нам, что для соединения люди должны быть подобны друг другу по свойствам. Во всем Мироздании действует всеобщий закон подобия свойств.

Согласно ему я ощущаю, воспринимаю, понимаю только то, что является общим между мной и объектом обращения. Если между им и мной нет никакого общего свойства, – я не способен ощутить его. Если нет хоть какой-то общности в сознании, я не способен понять его. Подобие свойств предопределено на физическом (гормональном, физиологическом и т.д.) уровне, на психологическом и духовном. Отсюда, кстати, отторжение межнациональных браков. Давно установлено, что если человек не испорчен внешними, цивилизационными воздействиями, он не может любить женщину другого народа, использовать – да, но духовного единения не будет.

Вопрос: Любовь к детям – тоже эгоистическое желание?

Конечно. Человек любит в детях то, что сам не реализовал, это его продолжение.

Вопрос: Любовь к родителям дана человеку изначально или тоже категория развития или воспитания?

Изначально в человеке заложена чисто эгоистическая любовь к родителям, без которых невозможно его выживание. Любовь основана на зависимости от них. Однако если человек осознает, что его зависимость эгоистична, он в состоянии затем Высшим светом исправить свое отношение на бескорыстное, как в высшей ступени – и тогда сквозь любовь родителей к себе ощутит любовь Творца к себе, потому что это Творец возбуждает в любых родителях любовь к своему потомству. Вследствие этого человек не перестает любить родителей, а наоборот, понимает, что они избраны Творцом для реализации, проявления любви Творца к нему. Любовь к родителям становится вечной, совершенной.

Вопрос: Значит ли это, что каббала является инструментом по улучшению человеческой души в духе альтруизма, большей толерантности и так далее?

Каббала просто объясняет законы существования мира.

Вопрос: Объясняет цели трансформации человеческой души?

Да, конечно. Каббала объясняет человеку, из чего он состоит. Человек состоит из двух частей: из души и тела. Объясняется, какова конструкция души, какова конструкция тела, каково взаимодействие между этими двумя частями в человеке. Каким образом можно, кроме того, что мы ощущаем тело, начать ощущать душу, раскрыть в себе эту внутреннюю информационную структуру. Как можно эту информационную структуру не только ощущать, а овладеть ею, управлять ею, влиять ею на Мироздание.

Вопрос: Какова взаимосвязь иудаизма и каббалы...

Никакой.

Вопрос: Вот об этом расскажите, пожалуйста, подробнее.

Нет никакой взаимосвязи между иудаизмом и каббалой. Каббалистом может быть любой, как говорит нам Иоганн Райхлин о своем учителе Пифагоре. Его можно назвать каббалистом, а иудеем он не был. Каббалистом может быть любой человек – от итальянского парикмахера до эскимоса и шамана. Каббалист – это тот, кто проникает в скрытую часть Мироздания посредством каббалистической методики. Эта наука не требует от человека никаких данных, кроме желания развиваться.

Ответы самым любознательным

Вопрос: Существуют ли люди, которые уже рождаются с ощущением Творца, которым оно подарено по какой-либо причине?

Рождение таких людей возможно в каждом поколении, их – единицы. Это даже не один на миллион, когда в итоге получаются на земле тысячи, а единицы буквально – те, которым может быть как бы подарено особое отношение к духовности, особое возвышение к Творцу. Они являются исключением. Это, собственно, «не люди». Они просто выполняют какие-то определенные задания, что ли, в нашем мире. Допустим, являются проводниками каббалистической мудрости.

Для того чтобы существовали проводники между Высшим миром и нашим миром, чтобы замкнуть через махсом Высший мир и наш мир – в нашем мире действительно появляются такие индивиды. Причем зачастую вне всякой связи со своей работой, со своими усилиями, а только потому, что обязаны выполнить это задание. Ни в коем случае их путь не является исправлением или привилегией, это просто тип работы души.

Вопрос: Вы можете назвать сколько людей, занимающихся каббалой, может быть, Ваших учеников, перешли махсом?

Среди моих учеников есть такие. Более точные данные я дать не имею права. Это не подлежит разглашению.

Вопрос: Возможно ли падение с духовных уровней на невысоких ступенях?

Никогда не может быть такого состояния, когда человек поднимается на какой-либо духовный уровень, а потом падает. Он может падать только для того, чтобы снова подняться. По синусоиде, но эта синусоида все время работает в режиме самораскачивания.

Вопрос: Каббала и каббалисты могут лечить людей?

Каббала по определению является методикой раскрытия Творца человеку, живущему в этом мире. По мере раскрытия Высшего мира каббалист наполняется Высшим светом, несущим силу, здоровье, благо. В частности и я использую этот прием в своей лечебной практике. Однако поскольку все люди взаимосвязаны, то до полного исправления всех людей и до полного достижения всеми совершенства и вечности, каббалист «болеет» за остальных и, таким образом, хотя сам и должен быть здоров, являясь частью их всех, болеет с ними.

Вопрос: Может ли человек видеть будущее или прошлое? Если нет, то как Вы объясните, что гадалки, колдуны иногда правильно предсказывают те или иные события в жизни человека? Ведь существуют пророческие писания, скажем, в Библии – все сбылось и сбывается?

Каббалист вовсе не прорицатель. Действительно, многие в нашем мире могут правильно предсказывать будущее. Животные задолго до природных явлений уже предчувствуют их. Люди, далекие от цивилизации, обостряют свои экстрасенсорные (по сравнению с обычными людьми) ощущения настолько, что «видят» прошлые и будущие события. Известны и феномены типа Вольфа Мессинга. Каббала утверждает, что вообще все картины происходящего во времени существуют одновременно и только развертываются перед нами по оси времени. Однако возможно приподняться над временем, и тогда прошлое, настоящее и будущее будут ощущаться, как события при просмотре киноленты, вдоль которой мы можем произвольно скользить взглядом, наблюдая картины всего уже предрешенного. Каббала говорит о том, что мы не можем изменить события и их последовательность, потому что это записано в нашем духовном гене (решимо). Мы можем только изменить наше отношение к происходящему, а оно коренным образом меняет наше ощущение событий от драматического к радостному. Каббалист же никогда не старается видеть происходящее, а, наоборот, абстрагируясь от самих событий, он приподнимает себя над ними в своем отношении к ним, как к абсолютно доброму управлению Творца. Он принимает каждое событие, как исходящее от Творца, с целью привести его к вечности и совершенству, именно развивая в себе отношение к событиям, адекватное отношению Творца к ним.

Вопрос: Какая разница между каббалой и обычным психоанализом?

Все постигаемое достоверно для всех остальных постигающих, может быть записано и воспроизведено кем угодно, обладающим теми же возможностями, экраном. Психоанализ занимается разбором земных, относящихся к уровню нашего мира, естественных свойств человека. Каббала занимается обретением нового, высшего свойства.

Вопрос: Есть ли разница между каббалой и другими духовными течениями и конфессиями?

Я уже касался этого вопроса. Могу только повторить, что религия использует знания о человеческой психике, и применяет их для достижения психологического комфорта людей, верующих в Бога. Каббала занимается раскрытием Творца человеку, она ставит только это своей целью, и ни в коем случае не стремится помочь улучшить эгоистического состояния человека в этом мире, в этой жизни.

Вопрос: Можно ли считать каббалу единственным инструментом или средством постижения духовных миров для людей, находящихся в низших мирах?

Несомненно, потому что она использует рост желания, то есть развитие инструмента восприятия Мироздания. Рост желания уровня «животный», затем рост желания уровня «человек», и вплоть до того уровня, когда человек начинает ощущать Высший мир.

Далее методика каббалы развивает его желание вплоть до уровня «Творец». Желание по мере своего роста наполняется, его наполнение анализируется – что и является ощущением и постижением того состояния, того мира–ступени, на которой человек находится.

Все постижение совершенно аналогично постижению нашего мира через пять органов чувств, с отличием лишь в том, что все постигается в сознательно развиваемом дополнительном органе чувств – шестом органе, называемом «душа».

Вопрос: Что общего между каббалой и религией? Если можно, более подробно.

Повторю уже неоднократно сказанное: каббала – это наука. У нас с учеными имеется полное взаимопонимание, но когда кто-нибудь из них пытается повернуть разговор в сторону религии – сразу же получается перекос.

В любой другой науке можно сделать некоторые допущения: скажем, существует Высшая сила, Творец, нечто такое. В каббале же ты четко определяешь, что такое Творец, – это свойство отдачи, качество – и больше ничего. У Него нет воли, которая может измениться по твоей просьбе: ты Его попросил – Он изменился так, попросил иначе – изменился по-другому. Это сила – как сила притяжения или тяжести. Она может измениться? Молись перед ней хоть сто лет – что с ней станет? Ничего! То же самое и Творец – это общая сила воздействия на все мироздание.

Когда говоришь об этом ученым, они понимают, что на самом деле так оно и есть. Однако, беседуя на ту же тему с религиозными деятелями, слышишь возражения и даже возмущение: «Как же так? Это ведь Творец, ты Его просишь – Он тебе отвечает». Я такого не понимаю. Что значит: «прошу»? Ты обращаешься якобы к Нему – к этому качеству – с позиции своих собственных качеств и чувствуешь разницу между своими эгоистическими или полуальтруистическими качествами и Его качествами, которые ты таким образом себе представляешь. У тебя завязывается внутренний диалог, который ты называешь диалогом человека с Творцом. На самом деле – это не диалог. Это просто монолог, выступление перед самим собой же.

Молитва на иврите называется «леитпалель», где «леит» – это обратное, то есть возвратность, оценка самого себя. Тебе некому кричать – ты обращаешься к самому себе и к тем своим качествам, которые ты желаешь поднять, улучшить. Огромная окружающая сила, управляющая нашим миром, – абсолютно альтруистическая. Называй ее Творец, называй ее Создатель, или общая управляющая сила, Он – не важно, как называть. В мере тождественности этой силе ты поднимаешься над Мирозданием, начинаешь ощущать так же, как и она, свою вечность, совершенство.

Разговаривать с религиозными людьми – проблема, потому что они переносят на Творца свои чувства, свои чаяния. Они нарисовали картинку и на нее накладывают всякие желаемые образы – а ничего такого не существует. Бааль Сулам в определении, что такое каббала, говорит очень просто: «Каббала – это наука о силе вне всякого облачения, вне тела, вне материи». Если это сила, нечего приписывать ей человеческие качества. Все наши качества – эгоистические, и построены только на желании каким-то скомбинированным образом наполнить себя – вот все наши ощущения, а там этого нет вообще.

Вопрос: Были ли каббалистами Иисус Христос и апостолы, и что про них говорит каббала? Я читал, что Иисус изучал каббалу и поэтому обладал огромными силами, которые и дали ему возможность повести за собой людей, что его еще раньше отстранили от занятий каббалой. Но сама его теория намного отличается от той, которую ему приписали его последователи. Нет властителя, кроме Творца, следовательно, возникновение христианства – это желание Творца. Еще читал, что христианство – это клипа левой линии, а мусульманство – клипа правой линии.

Я не могу обсуждать эту тему хотя бы потому, что не желаю оскорблять ничьих земных чувств. Если человек получил определенное воспитание или принял какую-то веру, то ему необходимо выйти за ее рамки, чтобы объективно слушать нечто иное, а в противном случае невозможно ему ничего объяснить. Поэтому говорить в лоб плохо – только отталкивать его от Истины. Пусть дозреет. Могу только сказать, что все без исключения религии существуют только для человека в этом мире, и им же созданы для удовлетворения его земных потребностей в существовании «высших» идеалов и надежд.

Каббала начинается с ощущения Творца, со связи с Творцом, и не имеет ничего общего с тем, что обычно понимается людьми под молитвами, заповедями, добрыми делами или грехами… Все, кроме каббалистов, находятся в рамках нашего мира. Каббала в чем-то всегда останется тайной наукой – она не раскрывает человеку все, а только то, что ему необходимо для продвижения.

Вопрос: Почему я должен верить вашему учению?

Я то же самое спрашивал у своего Учителя. Я очень много искал и выбрал специальность – медицинскую кибернетику, а именно управление живыми организмами. Хотел понять, во-первых, каким образом организм функционирует, и, во-вторых, для чего он функционирует. На первый вопрос академическая наука отвечает, а на второй – нет. Поэтому я в этой науке не остался, а пошел искать дальше, пока не столкнулся с каббалой.

Итак, находится ли то, о чем я говорю, в этой науке, или нет, должны ли вы верить мне и моему Учению, или нет – отвечу так: не верьте.

Когда я пришел к своему Учителю, мне было тридцать два – тридцать три года. Я был еще молодым, здоровым, сильным человеком, находился в начале жизни, и имел огромное желание достичь чего-то и все для себя понять и объяснить. Рабашу было в то время семьдесят с лишним лет, он был уже старый каббалист. Я у него спросил: «Мне – тридцать, вам – семьдесят. Я сейчас должен положить всю жизнь, находясь рядом с вами, изучая каббалу. Как я могу быть уверенным, что попал туда, куда надо, я уже так много в жизни ошибался и так много искал?»

До него я побывал уже очень у многих всевозможных учителей, всяких гуру – чего только не было, и все это очень быстро мной отметалось. Здесь я остановился. Рабаш давал такую систему знаний, такую картину, что под нее было невозможно подкопаться, в ней существовало нечто замкнутое, универсальное, присутствовала такая внутренняя гармония, которую нельзя было отбросить.

Когда я задал ему этот вопрос, он ответил: «Я тебя не держу, иди, проверяй дальше». Он имел в виду, что если у тебя есть та самая точка в сердце, она почувствует благодаря своей внутренней структуре, что должна развиваться именно этим методом. Они родственны друг другу – каббала и точка в сердце.

Поэтому человек, находящийся в Чили, вдруг случайно находит каббалу. Какова вероятность того, что он ее найдет на испанском или португальском языке или на каком-то другом, что он отыщет где-то в Интернете или услышит в Мексике, в Австралии? Как это возможно?

Человека приводят в каббалу естественным образом. Это подобно заряду в электрическом поле: он сам, своим внутренним строением находит точку равновесия, точку притяжения, наибольшего комфорта, пребывая в которой он находится в максимальной связи с окружающим его духовным полем. Как электрон движется в этом поле так и мы перемещаемся.

Как вы думаете, почему мы вообще движемся в этом мире, в этой жизни? Не только внутренне, но и внешне передвигаемся? Это происходит потому, что все время меняются наши свойства.

Человек, у которого внутренние качества изменились так, что ему необходимо раскрыть цель, смысл своего существования, найти в духовном мире свой корень, естественным образом приходит к силам, которые ему объясняются каббалой. Он находит своего учителя и свое место.

Так что вы можете сомневаться, но я вам советую выяснить это поскорее.

После того как мне мой Учитель сказал: «А ты проверь», я начал проверять. Я действительно поездил еще по разным местам с мыслью: «Где-то, может быть, еще есть каббалисты?» Возможно, вы найдете лучшего каббалиста или другого учителя-методиста. Того, который будет вам ближе всего, который «придется по душе» (только вы себя не обманывайте, не успокаивайтесь, а четко определите), если он действительно кажется вам ближе, то у него вы и должны остановиться.

Здесь возникает вопрос: «Почему это мне следует у него останавливаться, если ты говоришь, что у тебя настоящая каббала?» Это потому что вы еще, может быть, и не созрели для настоящей каббалы, вы еще находитесь в промежуточных состояниях развития.

Человек должен развиваться свободно, поэтому наше распространение каббалы в мире абсолютно пассивно. Кто желает – может прийти слушать, кто нет – свободно уходит. Бесплатно. Мы никого не обязываем. Только таким образом. Каждый приходит, получает определенное насыщение. Если ему достаточно – уходит, если нет – остается.

Вопрос: Я – обычный человек. И вот я слышу: «Высшая сила...» Прекрасно, я хочу ее ощутить. Что я должен делать, начиная с той минуты, когда закончится урок, и до следующего урока?

Мы должны изучить, что представляет собой в действительности наша жизнь, каким образом она приводит нас к чему-то. Мы должны раскрыть, что наша жизнь протекает в очень особенном и постоянном направлении. Если мы посмотрим на нее с точки зрения каббалы, то вдруг обнаружим, что и в этой жизни, и в раскрываемых мной предыдущих воплощениях, я постоянно продвигался с помощью Высшего управления, проходя этапы, продиктованные причиной и следствием, по определенной цепочке, которая ведет меня к конкретной Цели.

Если я начинаю таким образом смотреть на свою жизнь, это уже позволяет мне сберечь много сил и помогает избежать страданий. Я могу понять, каким способом мне удобнее всего продвигаться, почему со мной ежедневно происходят те или иные события, что случалось со мной в прошлом и что должно произойти в будущем: хорошие события, или, не дай бог, плохие, и как я могу их предотвратить.

Каббала, в сущности, разворачивает перед человеком все его перспективы, по крайней мере, с сегодняшнего момента и далее, а также объясняет ему его прошлое. В той мере, в которой перед человеком раскрывается это видение, он может изменить свою судьбу. Это и является, собственно, результатом изучения каббалы. Если изучение этой науки происходит не просто ради получения знаний, и не тем человеком, который еще не осознал, хочет он достичь духовности или нет, тогда в процессе занятий он начинает раскрывать, что изучение каббалы, действительно является совершенно практическим.

Все страдания, удары и неприятности, получаемые нами в жизни, в конце концов должны привести нас к состоянию, вынуждающему раскрыть причину их получения, источник тех или иных событий нашей жизни, и средство, с помощью которого я смогу устроить свою жизнь самым наилучшим образом. Это говорит о том, что сама наша жизнь в конце концов заставит нас изучать каббалу.

Вопрос: Допустим, все выглядит прекрасно, материал хорошо воспринимается, я хочу приступить к конкретной работе, или, как мы говорили, «начать войну». С чего следует начать?

Я считаю, что человеку необходимо изучить статьи, рассказывающие о внутренней работе: «Нет никого кроме Него» – первая статья из книги «Шамати» («Услышанное»), «Письмо со страницы 70» из «Посланий» из книги «Плоды Мудрости». К этим статьям есть наше толкование, позволяющее понять текст Бааль Сулама благодаря пояснению.

Вопрос: Почему Творец желает дать наслаждение творению? Он испытывает недостаток?

Желание насладить творение исходит не из недостатка в Творце, а именно из Его вечности и совершенства. Только в совершенном возникает мысль об отдаче, причем в мере бесконечной, как Он сам.

Каким образом у Творца может существовать желание? Ведь желание – это определенная мера недостатка, а мы говорим, что Творец – безграничен, без недостатка, совершенен.

Все, о чем мы говорим в каббале, мы рассматриваем с точки зрения постигающего. Каббалист – это ученый, который постигает Мироздание, находящееся за рамками наших обычных возможностей восприятия. Это тоже мир – продолжение нашего мира, где существуют свои законы, свои зависимости. То, что каббалист постигает, он нам и описывает.

Каббалист постигает в себе, в своих келим, и не может делать это иначе. Он постигает это в своих исправленных свойствах. То есть все равно он постигает, исходя «из себя», из того, что в нем распространяется свет таамим. Вот этот самый свет таамим каббалисты передают нам через свои книги, не более того. Только они нам еще и объясняют, с помощью каких келим достигается этот свет таамим. Это все, что он нам говорит. Я обрел такие-то свойства, такие-то намерения, в соответствии с этим получил такое-то раскрытие Творца, такие-то виды света, такие-то ощущения и т. д. Это и есть вся каббала.

Поэтому когда каббалист говорит, что у Творца есть желание, то речь не идет непосредственно о Творце. Каббалист имеет в виду, что таким образом мы воспринимаем Творца: что Он желает дать нам. Существует ли при этом у Него недостаток? Нам, в наших понятиях, в наших мыслях, в нашем разуме кажется, что любое желание основано на ощущении недостатка, потому что мы устроены с желанием получать, а у Творца этого желания получать нет. У Него есть только желание отдавать.

Что такое только желание отдавать – мы не представляем, потому что даже в исправленном виде наше желание отдавать будет всего лишь желанием получать с намерением на отдачу. Поэтому понять, что такое свойство Творца, и какое в Нем на самом деле есть желание, мы представить себе не можем, потому что по своей природе мы изначально абсолютно противоположны Его природе. Поэтому ваш вопрос находится выше нашего постижения.

Каббалисты говорят о том, что далее существует выход в такое пространство, где мы почувствуем нечто высшее, уже абсолютно не в наших келим, но это, к сожалению, нигде не описывается, это невозможно передать словами нашего языка. Вот эти-то вещи и называются тайнами Торы. Их невозможно описать, потому что изложить их в наших понятиях невозможно – они существуют выше Второго Сокращения.

Вопрос: Если Творец – всеобъемлющий и совершенный, разве Он не мог создать меня сразу в состоянии абсолютном и совершенном? Он не мог создать меня уже в состоянии «пришел и узрел»?

Он не мог сделать этого, потому что у тебя не было готового кли получить все то, чем Он хотел тебя наполнить. Иными словами, Цель творения заключается в том, чтобы ты достиг равенства с Творцом. Создать тебя сразу же точно таким, как Он сам, Творец не может, потому что ты не почувствуешь наслаждения от этого состояния. Ты обязан сначала ощутить желание стать равным Ему. Когда ты достигнешь этого состояния, тогда и будешь наслаждаться.

Вопрос: Это говорит о том, что для того, чтобы вырасти до уровня Творца, я должен сначала почувствовать удары?

Творец обязан создать потребность, желание получать, желание наслаждаться. Кроме недостатка, кроме зла, Он не создал ничего. Поэтому называется «брия», творение – нечто находящееся вне ступени, вне вечности и совершенства. Иначе это не будет творением. Творение – это тот, кто существует как противоположность Творцу, имеет обратные Ему свойства. Здесь есть плюс и минус, ничего другого нет. Плюс – это Творец, в Котором есть все добро и наслаждение, но для того чтобы почувствовать Его, я должен сначала находиться в минусе.

Вопрос: По-существу, мы видим это и в нашей жизни...

Если я хочу наслаждаться едой, разве я не добавляю к ней что-нибудь острое, соленое, не совершаю какую-нибудь прогулку перед приемом пищи? Если я хочу насладиться от чего бы то ни было, разве я не должен сначала ощутить желание к этим наслаждениям? Люди готовы заплатить много денег для того, чтобы почувствовать потребность в наслаждениях. Предложите человеку: «Ты знаешь, зачем тебе страдать? Я отключу тебе страсть к еде, к сексу. Живи спокойно! Для чего тебе это нужно?» Посмотрите, согласятся ли люди на это? Они не будут согласны, потому что ощущение желания к чему-то и его последующего наполнения создают в нас ощущение жизни.

Вопрос: А если все-таки я скажу, что хочу оставаться рабом, не желаю развиваться, быть Царем, я – маленький человек, дайте мне спокойствие, я не хочу получать удары...

В этом у нас нет выбора, потому что изначально Замысел Творения таков, что в действительности мы уже находимся в своем конечном, совершенном состоянии. Творец не создал нас в противоположной себе форме, в минусе, в желании получать, в темноте. Он создал нас уже существующими возле Него, только мы не осознаем этого.

Мы всего лишь пребываем в иллюзии, что находимся в этом мире, в замкнутом, полном страданий, ужасном месте. Все это и создано только для того, чтобы мы очистили для себя эту картину, сняли с нее верхний слой и увидели, что на самом деле находимся в состоянии Бесконечности.

Вопрос: Значит, у меня нет возможности оставаться рабом, потому что это просто отсутствие моего осознания?

Совершенно верно! У нас нет такой возможности, потому что духовный ген, который находится в нас, постоянно развивается в соответствии с цепочкой решимот, пробуждая одно решимо за другим, и все ощущение нашей жизни, все наше существование необходимо нам только для того, чтобы прийти к конечному совершенному состоянию. Хотим мы или не хотим, но нам потребуется это сделать.

Сколько времени потребуется для того, чтобы развить шестой орган ощущения?

Бааль Сулам в «Предисловии к Учению Десяти Сфирот» утверждает, что на это необходим срок от 3 до 5 лет. Надо добавить, что это возможно при создании с вашей стороны всех условий для правильного продвижения. В зависимости от прилежания в настоящее время этот срок может быть и сокращен.

Вопрос: Почему существует разделение полов в нашем мире, какой в этом смысл, кроме продолжения рода?

Чтобы привести Малхут, желание насладиться, к исправлению, в нее необходимо привнести свойства Бины, желания отдавать. Малхут не меняет свои свойства получать на свойства отдавать, но, ощущая свойства Бины, проникается желанием уподобить свои свойства Бине, то есть чтобы ее единственное возможное действие – получать наслаждение – стало эквивалентным действию Бины, Творца, – отдавать. Введение свойства Бины в Малхут достигается разбиением сосуда (кли, экрана) и смешиванием свойств Бины и Малхут. Вследствие этого в душах возникают как свойства Бины, отдающие, так и свойства Малхут, получающие. Те и другие необходимо исправить. Так каждый исправляющийся и поступает, исправляя свою душу.

Однако все, что есть в духовном мире, отражается в материальных объектах и действиях нашего мира, а потому в телах нашего мира происходят разделение на тела, соответствующие в духовности отдающему парцуфу – Зеир Анпин – мужчине, и парцуфу получающему – Малхут – женщине. Соответственно, и методика исправления желаний с намерения «ради себя» на намерение «отдавать» различна.

Необходимо отметить, что после частного индивидуального исправления все души сливаются в одну, без какого бы то ни было отличия, в общей системе слияния с Творцом, равные и совершенные.

Вопрос: Может ли человек выявить свое ощущение нахождения в духовном мире, или ему об этом должен сказать учитель? Как распознать, что ты находишься уже за махсомом? Как только вы начнете серьезно ощущать свои духовные состояния, даже еще до махсома, то сразу же сможете их каким-то образом градуировать, и у вас не будет сомнения в том, как себя более или менее «измерять». То есть у вас уже начнут проявляться возможности измерения не «как мне лучше-хуже», а такие, как «я более или менее стремлюсь к Творцу».

Почему я стремлюсь к Нему? Больше ради Него или больше ради себя, чтобы мне было лучше от связи с Ним? И так далее. То есть даже перед махсомом, когда начинается ощущение страданий любви, как пишет Бааль Сулам, там уже начинается устремление, как к любимому.

В «Предисловии к Учению Десяти Сфирот» он дает нам определение, что значит состояние «ло ли-шма». Это значит, что я устремляюсь к Творцу на 95%, даже на 99% я желаю ради себя, но на один процент я все-таки начинаю желать ради Него. Вот тут человек уже начинает этот один процент выделять, он все-таки ощущает это. Или, наоборот, 99% – ради Творца, а один – ради себя. Однако без одного этого процента «ради себя» он все равно не находился бы здесь. Как только этот процент исчезает – это означает переход махсома.

Вопрос: Если я не занимаюсь в группе, и вокруг меня нет пока заинтересованных людей, достаточно ли занятий по Интернету?

Абсолютно достаточно, если вы подключаетесь к нам как часть нашей большой группы, как ее член. Вы можете жить где-то в Сибири или в Техасе – это совершенно не имеет значения. Не важно, где вы находитесь.

Если вы сможете быть нашим товарищем, ощущать общность с нами – вы получаете наше кли и вместе с нами продвигаетесь.

Вопрос: Человек, который занимается каббалой, должен развиваться только в этом направлении? Проблемы карьеры, профессионализма уходят на задний план? Или это некий универсал, который может очень органично сочетать в себе все элементы социума и при этом быть высоко духовным субъектом – «человек успеха» в очень глубоком смысле этого слова. Возможно, что человек успешный в этом мире для каббалы потерян?

Любое занятие человека в этом мире оценивается с точки зрения пользы, приносимой им человечеству.

Поскольку все действия человека эгоистически вынуждены, и в них нет ничего полезного (кроме того, что в результате своей деятельности человек раскроет их бесполезность и придет к решению об исправлении), то оказывается, что каббалист – единственный в нашем мире полезный человек, потому что своими действиями, исправлениями, он притягивает в наш мир Высший свет, несущий благо, изобилие.

Каббала призывает человека в рамках нашего мира выполнять свой гражданский долг, работать, иметь семью, служить обществу.

Однако основным своим устремлением, своей целью ставить духовное возвышение до цели творения, до причины своего появления в этом мире. В таком случае человек не нуждается более в том, чтобы нисходить в этот мир.

Вопрос: Правильно ли я понимаю, что относительно Творца точка в сердце есть у каждого человека?

Это верно, точка в сердце есть у каждого человека. Когда она проявится – это зависит от корня души. После того как она проявится, важно, насколько быстро человек ее реализует, чтобы создать из этой точки душу, то есть целое кли, и наполнить ее Высшим светом. Вот этот темп роста души из точки и темп наполнения этой души (парцуфа) светом зависит уже от нас. Однако первое появление точки в сердце, то есть когда человек начинает чувствовать, что его тянет к Высшему миру, происходит не по желанию человека. Это происходит в соответствии с тем, откуда он происходит, из какой части общего кли, называемого «Адам».

Адам – это кли, которое как бы похоже на наше тело: руки, ноги, туловище, голова. Конечно, нельзя так изображать Адама, но я хочу этим примером кое-что показать. Некоторые органы в нашем теле являются первостепенно важными, другие – второстепенны, и так далее. В итоге все органы важны, если какой-то выйдет из строя, то это может подействовать на все тело. Мы видим, как в формирующемся человеческом плоде развивается сначала голова, после этого – немножко туловище, затем – ноги, потом развиваются какие-то внутренние органы и снова какая-то часть туловища, затем – легкие. Не случайно родиться на седьмом месяце не опасно, а на восьмом – опасно, потому что в это время происходит доразвитие определенных органов.

По аналогии с этим некоторые части тела выходят раньше к исправлению, некоторые – позже. Части тела Адама – это наши души. Есть души, которые раньше – тысячи, сотни лет назад – получали устремление к исправлению, есть души, которые только сейчас начинают получать это стремление, а есть такие, которые придут к этому, может быть, через несколько лет. Ни в коем случае нельзя насиловать людей, если в них не пробудилась точка в сердце, запрещено вообще на них «давить». Поэтому наше распространение должно быть только пассивным: мы должны рассказать им о том, что такое состояние существует. Если в них точка в сердце есть – они сразу же отзовутся, если нет – они все равно пройдут мимо, но это им не навредит.

Действительно, относительно Творца точка в сердце есть у каждого человека, но не каждый – относительно себя – ее ощущает. Поэтому и говорится, что у одних она есть, а у других ее нет.

Вопрос: Используется ли в каббале медитация, и если нет, то тогда что такое намерение? Точнее: намерение это медитация?

В каббале необходима концентрация усилия на том, чтобы сквозь картины этого мира обнаружить единую силу, управляющую всей природой.

КУРС ДИСТАНЦИОННОГО ОБУЧЕНИЯ

1. Курс «Основы науки каббала»

Первый и основополагающий курс, объясняющий основные законы и понятия науки каббала. Дается четкое определение науки каббала и раскрывается ее предназначение, рассматриваются пути постижения законов природы и их воздействия на человека.

2. Курс «Схема Мироздания»

Рассматривается схема Мироздания – от замысла творения до появления духовной конструкции, прообраза общей души, называемой «Адам», частицами которой мы являемся. В приложении – большое количество схем и чертежей, воспроизводящих строение и механизм воздействия Высшей природы на человека. Особый язык позволяет каббалистам описывать реальность, постигаемую ими чувственным образом, но еще не явную для нас.

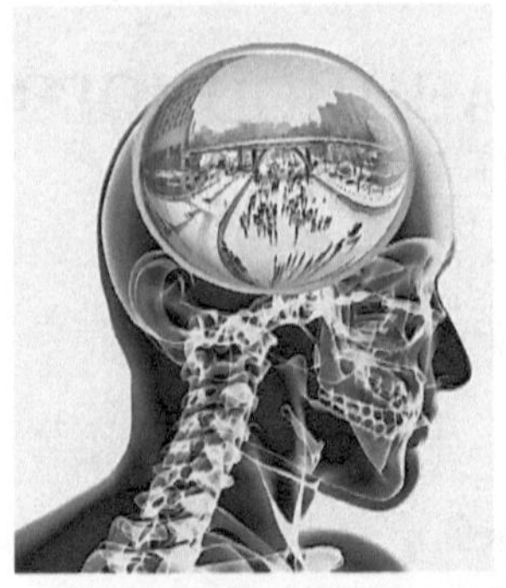

3. Курс «Восприятие реальности»

В этом курсе приводятся принципы исследования скрытой части реальности. Благодаря объединению двух частей реальности – скрытой и явной – становится возможным точное научное исследование, раскрытие истинных формул Мироздания. Формируется подлинная форма существования всех частей реальности – вне времени, движения и пространства.

4. Курс «Каббалистическая теория развития мира»

Этот курс состоит из двух частей. В первой части дается сравнительная характеристика двух основных концепций сотворения мира: эволюционная теория Дарвина и теория Божественного создания Вселенной. Во второй части представляется каббалистическая модель сотворения мира, воссозданная на основе каббалистических источников. Рассматривается процесс образования материи нашего мира, причины появления первого живого организма. В увлекательной форме рассказывается о тех изменениях, которые произойдут со всем человечеством и с каждым человеком в самое ближайшее время.

5. Курс «История развития науки каббала»

Основываясь на исторических материалах, курс повествует о каббалистах прошлого, разработавших методику связи человека с Творцом. История человечества знает тысячи людей, постигавших Высший мир, однако созданием методики всегда занимались единицы. Кто первым постиг духовную материю? Каковы основные этапы развития каббалистической системы? Ответы на эти и многие другие вопросы вы получите, изучив этот материал.

6. Курс «Исследование Мироздания»

В каббале объектом исследования оказывается сам человек: для получения достоверных и объективных результатов исследователь должен абстрагироваться от своих природных инструментов исследования (органов чувств) и приобрести новый орган, называемый на языке каббалы экран. Истинность и точность результатов исследования гарантированы в каббале строгими законами. Явственно устанавливаются границы исследований, разделяющие Мироздание на постигаемую и непостигаемую части. Постижение происходит внутри человека в тот момент, когда он эмпирическим путем находит в себе свойство, полностью идентичное Творцу, причем результаты исследования имеют стопроцентную повторяемость и могут быть воспроизведены другими исследователями. Таким абсолютно достоверным методом человек постепенно раскрывает полную картину мира.

7. Курс «Каббала как интегральная наука»

Ценность любой науки в мире определяется ее пользой для человека. Польза науки каббала заключается в том, что человек, раскрывая собственную, ранее скрытую от него природу, познает причины всего происходящего.

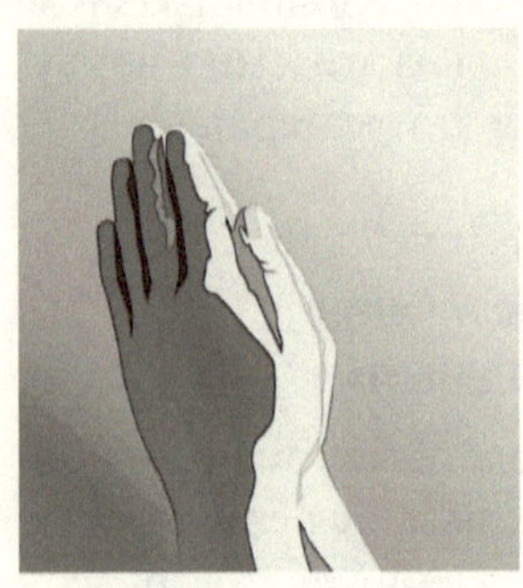

8. Курс «Каббала и религия»

Ложная интерпретация каббалистических источников привела человечество к ошибочному пониманию законов природы и созданию различных верований. Этот процесс длился тысячелетия, порождая новые религии и учения. И сегодня провести четкую границу между истинным учением и ложными системами, мистикой, продажей амулетов, колдовством и другими методиками практически невозможно. Как разобраться в том, что есть истина, а что ложь, помогут материалы данного курса.

9. Курс «Каббала и философия»

В этом курсе проводится сравнительный анализ каббалы и философии как разных способов исследования реальности. Философия занимается рассуждениями о тех знаниях, действиях и свойствах, которые не находятся в четко определяемой области, поддающейся нашему опыту, поэтому ее знание абсолютно недостоверно, так как не подтверждается на практике. Рассуждения этой науки касаются отвлеченных понятий, о которых каждый может иметь свое мнение. То, что в философии определяется догадками, в каббале является опытным материалом.

10. Курс «Каббалистическая антропология»

В курсе рассматривается одна из самых спорных тем в мире – соотношение души и тела. Исследуются наиболее распространенные теории о душе и теле. Даются определения души и тела как каббалистических понятий и разбираются этапы развития души. Вы узнаете, что представляет собой душа, разберетесь в ее устройстве и предназначении.

11. Курс «Социология каббалы»

Курс затрагивает самый злободневный вопрос для каждого человека – в каких поступках мы действительно свободны, а в каких присутствует лишь иллюзия свободы. Природа позволяет нам ошибаться – как каждому человеку, так и человечеству в целом. В чем ее цель? И к какому состоянию природа ведет человека?

Этот курс поможет каждому желающему изучить ту область, в которой существует возможность принятия самостоятельных решений.

12. Курс «Программа развития человечества»

Все отрицательные явления нашей жизни, как индивидуальные, так и глобальные, являются следствиями несоблюдения законов природы. Глупо прыгать с крыши в надежде на снисходительность закона всемирного тяготения. Однако нам не понятен тот простой факт, что жизнь человеческого общества, система наших взаимоотношений управляются абсолютными законами.

Материалы курса позволят проанализировать свое отношение к жизни, понять, в чем мы противодействуем этим мудрым законам и каким образом можно грамотно их реализовывать для того, чтобы отыскать путь к гармоничному существованию. В этом курсе наряду с основными каббалистическими принципами представлены результаты последних исследований в различных областях науки.

Михаэль Лайтман

Просто о каббале

Ответственный редактор *Л.П. Артемьева*
Технический редактор *Н.И. Герасимова*
Корректор *И.Н. Мокина*
Компьютерная верстка *А.В. Лазарева*

ООО «Издательство АСТ»
141100, РФ, Московская обл., г. Щелково, ул. Заречная, д. 96

ООО «Издательство Астрель»
129085, г. Москва, пр-д Ольминского, 3а

Наш электронный адрес: www.ast.ru
E-mail: astpub@aha.ru

www.ingramcontent.com/pod-product-compliance
Lightning Source LLC
LaVergne TN
LVHW101918220826
846093LV00009B/290

* 9 7 8 1 7 7 2 2 8 0 3 9 5 *